云梯战法

判断牛股短线买卖信号

股海扬帆◎著

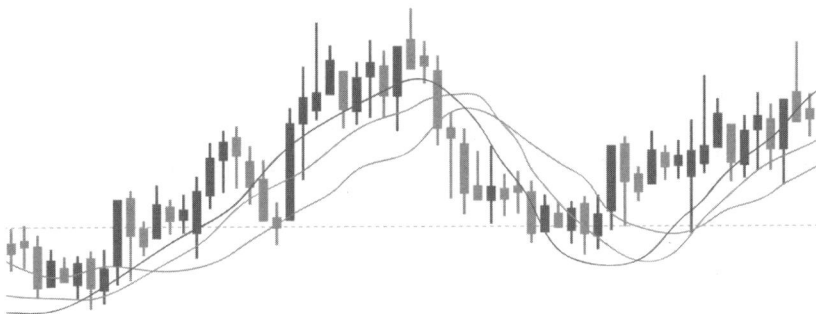

中国铁道出版社有限公司

CHINA RAILWAY PUBLISHING HOUSE CO., LTD.

图书在版编目（CIP）数据

云梯战法：判断牛股短线买卖信号 / 股海扬帆著.
北京：中国铁道出版社有限公司, 2025. 1. -- ISBN
978-7-113-31844-4

Ⅰ. F830.91

中国国家版本馆CIP数据核字第2024KC8403号

书　　名：**云梯战法——判断牛股短线买卖信号**
　　　　　YUNTI ZHANFA: PANDUAN NIUGU DUANXIAN MAI MAI XINHAO

作　　者：股海扬帆

责任编辑：张　明　　　编辑部电话：（010）51873004　　　电子邮箱：513716082@qq.com
封面设计：宿　萌
责任校对：刘　畅
责任印制：赵星辰

出版发行：中国铁道出版社有限公司（100054，北京市西城区右安门西街 8 号）
网　　址：https://www.tdpress.com
印　　刷：河北宝昌佳彩印刷有限公司
版　　次：2025 年 1 月第 1 版　2025 年 1 月第 1 次印刷
开　　本：710 mm×1 000 mm 1/16　印张：12.25　字数：177 千
书　　号：ISBN 978-7-113-31844-4
定　　价：69.00 元

前 言

云梯战法，来源于一种短线操作强势股的技术，并融合短线抢板操作的一些技术。在实战应用中，这些短线操盘技术面临一个共同的挑战：安全性低，风险高。然而，它们也具有显著的优势：短期收益高，小波段持股特征明显。笔者根据数十年操盘经验，总结出云梯战法。

顾名思义，云梯战法就像是一个人看到天空出现的云梯，而要抓住这一云梯爬到空中去，就像是印度的"通天"魔术一样。相信很多人都看过这种魔术，施术者把一根软软的绳子朝天上一扔，那绳子竟然立了起来，一头在表演者手中，一头一直通到了云端里，表演者抓着绳子的一端，一路向天上爬去，转眼竟然爬到了"云层"中。云梯战法与之相似，在普通人眼里，抢涨停板或是操作强势股，都是一件不可思议的事情，但正如印度的"通天"魔术一样，并不是它有多么神奇，而是普通人并不了解其原理。然而，所谓的"通天"魔术不过只是一种魔术，而云梯战法却是一种实实在在的操盘技术！不，它不仅仅只是一种操盘技术，更是一整套的短线操盘体系！

为什么这样说呢？因为在不明其法的人看来，云梯战法就像是印度的"通天"魔术一样，玩的是一种令人无法看懂的高级技术，实际上，这仅仅是投资者所看到的表层——选股、建立股票池，然后准确判断出买卖点，这些对于入门不久或不懂技术的人来说，无异于看了一回"通天"魔术的表演，因为你只是看到了那些流于表层的东西，实际上，很多深层的东西都隐藏在这些内容的背后，就像"通天"魔术的表演，只不过是一种障眼法。然而，云梯战法却不是障眼法，而是一整套实实在在的短线操盘体系。

　　要想明白这一点，我们不妨从最为枯燥的选股说起，很多人一提到短线操盘的选股，一定会讲，短线操作，无非是看短时的强弱，哪里进行了选股？又不是中长线操作。这话猛一听似乎很合理，但实际上却并非如此，因为选股的目的是什么？自然是选出那些在不远的未来最具短线强势特征的股票，而为什么这些选出的股票会具有这种较强的预期？并非仅仅是趋势运行的规律使然，更重要的是上市公司基本面所呈现出来的业绩稳定的支撑——这一点，往往是许多投资者所忽略的，却是极为重要的一点，这就像印度的"通天"魔术一样，你只是看到其神奇的一面，却忽略了其内在的原理。对于云梯战法而言，当你看到了根据其技法买入的股票出现持续的涨停时，有没有想过为什么会如此呢？

　　背后的原因其实并不复杂，股价的运行趋势无非是在涨涨跌跌中展开，跌多了必涨，涨多了必跌，但是怎么确认一只股票是跌多了还是涨多了？涨一倍是涨多了，还是涨五倍才是多？跌了一半算不算多？跌去了五分之四又算不算是跌多了？

　　要想明白这其中的奥妙，就必须回到股票的基本面：只有上市公司的业绩保持着持续稳定的盈利状态，其股价才会根据趋势演变的规律，反复合理地涨跌起伏，因为只有业绩才是支撑股价的根本动力！

　　此言一出，相信很多投资者都会有种恍然大悟的感觉，就像一旦揭开了印度"通天"魔术的谜底一样，同样会让人觉得它其实根本一点儿都不神奇。上面谈的仅仅是云梯战法中的选股环节，其实还有很多相关的内容，虽然表面上看起来，似乎与云梯战法的操盘毫无关联，事实上却关系重大，比如操盘策略、交易原则、操盘纪律，还有均线与量价等指标的运用，这些内容，或许在普通投资者眼里根本不值一提，因为它们均不涉及买卖点的判断，事实上，这些内容对股票交易的成败起着举足轻重的作用。因此，云梯战法不仅仅只是一种操盘技术，更是一整套短线操盘体系！

　　不积跬步，无以至千里；不积小流，无以成江海。投资市场与其他许多行业，从根本上讲都是一样的，要想在这一行业内站稳脚跟，就必须踏踏实实地去学习行业中那些看似无关大局的点滴技术。这就像一名武林高手一样，他看起来很厉害，但实际上认真分析，就会发现其所使用的招法，无外乎就那几种拳法和脚法而已！

基本功的修炼有时候比各种招数的练习实用性更强！

股海扬帆

2024 年 9 月

目 录

第 8 章　卖股：会卖股的才是师父　/　167

第1章

云梯战法：
短线获利较高的操盘技术

对于短线操盘技术而言，云梯战法是一种短线获利较高的技术。云梯战法技术来自短线的抢板技术，只不过在其中掺入了一些风险管理的内容，弱化了操作风险。所以，这一技术依然是一门操作短线强势股的技术，风险较小，因此获利较高。

1.1 云梯战法概述

1.1.1 云梯战法的由来

云梯战法是笔者根据短线抢板操盘技术总结出的一种操作强势股的短线操盘技术，因在实际的抢板操作中，不少投资者经常出现操作失误。为此，笔者对原有的抢板技术进行了适当改良，并创造性地在风险管理的基础上，加入了选股这一环节，让原本风险性极高的强势股操盘技术，变得更温和、更理性，从而风险也大大降低了。因为这种操作就像是一个人在向高空爬梯子，因此笔者将其命名为云梯战法。

实战案例：

如图 1-1 科林电气（603050）日线图所示，股价在弱势震荡中进入 A 区域时，虽然其在两个交易日中出现了明显的持续上涨，但并未表现为涨停，所以，短线的强势看似不足，但 A 区域内右侧 K 线却构成了云梯战法的买股形态。一方面，此时的股价向上突破了前期的震荡高点；另一方面，之所以敢在 A 区域内买入股票，是因为在买股前根据图 1-2 的月线图进行了选股，发现此时的科林电气股票正处于经历了前期的月线探大底后出现的缓慢回升中的加速上涨阶段，因此，A 区域的买入行为更具有操作的安全性，同时，该区域又是股价启动加速上涨的开始。这就是根据笔者短线操盘经验所总结出来的云梯战法的买股操作及其原理。

注意事项：

（1）云梯战法虽然来源于炒股技术中的抢板技术，但其操盘手法只是借鉴了部分的抢板操作中的相关技术，并且对原有的抢板技术进行了一定的升华和改良，所以其在操盘技术上更为完善，是一整套安全有效的短线操盘技术。

（2）投资者在学习云梯战法前，一定要明白，云梯战法不仅仅只是一种短线操盘技术，还是一套完全独立的具有自己独特体系的炒股战法，所以，必须全面了解这一战法的所有内容，才能真正学会其操盘技术。

图1-1 科林电气日线图

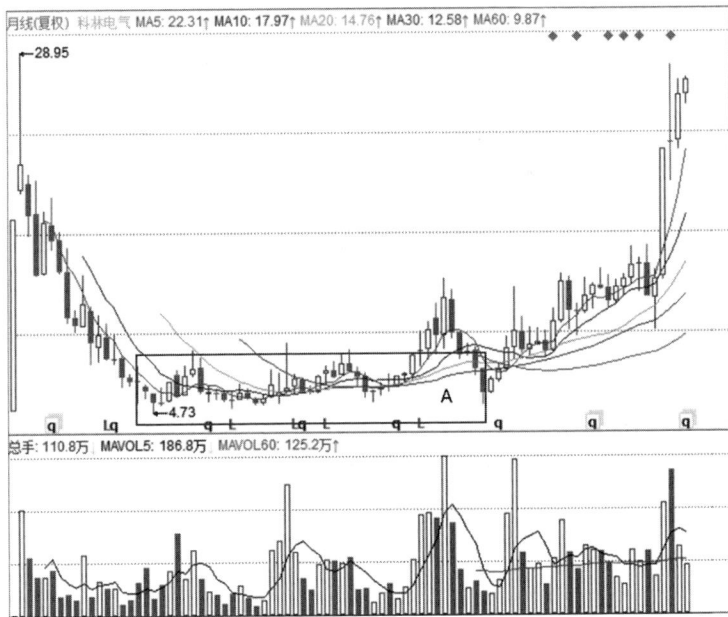

图1-2 科林电气月线图

1.1.2 云梯战法不只是一种操盘技术

云梯战法从操盘的角度而言，包括选股、买股判断、持股判断和卖股判断等诸多内容，而这些内容都属于操盘的技术性范畴。但是，作为一种炒股战法，它包含的绝不仅仅是以上这些实用的操盘技术与技巧，而且包括如操盘攻略中的操盘策略、交易原则、操盘纪律等，以及散落在各个章节中关于选股原则、买股原则和卖股原则等相关内容。这些内容，看似并非具体的操盘方法，但却是对各种交易行为的一种约束或制约，只有在这些要求下进行交易，才能够确保交易的成功。因此，云梯战法不只是一种操盘技术，而是一整套操盘体系，投资者只有在这一操盘体系的指引下去操作，才能最终获得收益。

实战案例：

如图 1-3 神州数码（000034）日线图所示，在 A 区域股价出现了持续上涨，符合云梯战法的买入要求，可买入，其后的 C 区域与 D 区域又符合持股要求，应持股，当进入 B 区域形成了卖股要求时应及时卖出股票。但这些仅仅是操作层面上云梯战法的具体要求，而在 A 区域的买股行为与 B 区域的卖股行为的背后，则是云梯战法的操盘策略与交易原则的贯彻。因此，云梯战法在神州数码这只股票身上的运用，并非只如 A、B、C、D 等区域所表现出来的买卖股票与持股判断这么简单，云梯战法不只是一种操盘技术，更是一整套完整的操盘体系。

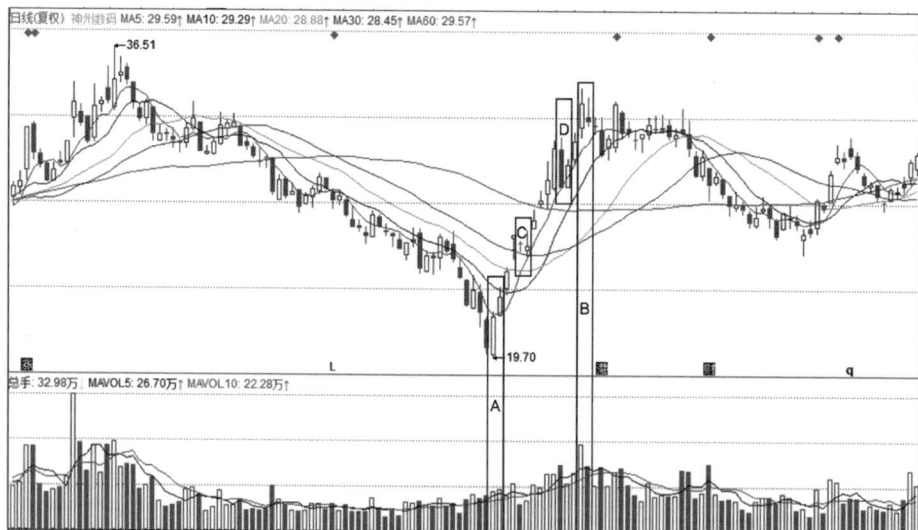

图1-3　神州数码日线图

注意事项：

（1）在云梯战法中，选股、买卖股票等方法都属于操盘技术范畴中的内容，但并非唯一的，也就是说，投资者仅仅学会这些技术，最终也是很难常获利的，因云梯战法还包括操盘攻略的内容，这些内容是对操盘技术的约束，以达到正确操盘的结果。

（2）云梯战法中的所有操盘技术，都必须在操盘攻略的指导下进行，比如其中的操盘纪律，因这些内容都是从不同的侧面或角度来指导投资者规范交易的，它们是交易成功的基础。

1.2　云梯战法的获利基础

1.2.1　寻找上涨小波段获利

从云梯战法的获利基础来看，其操盘方法是通过寻找股票价格在强势初期的买入时机，然后在短线结束上涨时卖出股票来获利的，这实际上就是通过在股票快速上涨的这一小波段持股以获得股价波段上涨的价格差来获利。因此，云梯战法与其他的许多操盘技术的盈利方式是相同的，都是通过上涨小波段的做多获利的。这一点是云梯战法获利的基础。因此，投资者在学习云梯战法前，一定要明白这一道理，这样才能通过学习云梯战法，真正掌握其操盘技术的精髓，最终实现获利的目的。

实战案例：

如图 1-4 音飞储存（603066）日线图所示，投资者在 A 区域根据云梯战法的买股要求买入了这只股票，并在其后根据 C 区域云梯战法中的卖股要求卖出了股票，这种操作就是在利用 A 区域到 C 区域之间的 B 段上涨小段波的获利空间，通过做多买入持股来获利。因此，投资者在学习云梯战法前，一定要明白云梯战法中的这一寻找上涨小波段的获利基础。

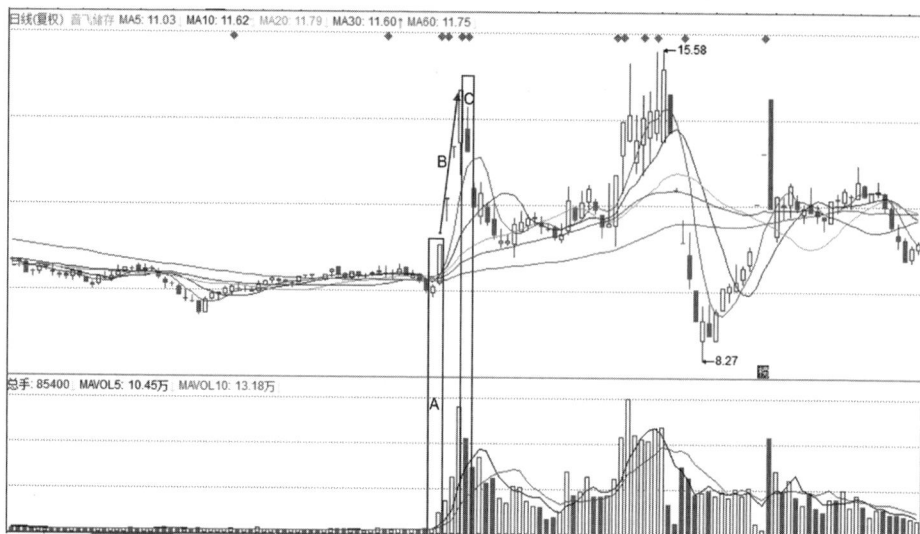

图1-4　音飞储存日线图

注意事项：

（1）上涨小波段是云梯战法获利的基础，因此，如何通过云梯战法中的买卖股票技术，充分寻找到股价强势上涨初期的买股时机，以及在强势转弱初期的卖股时机，才是最终能否实现快速获利的根本。

（2）云梯战法中的上涨小波段，事实上就是股价出现加速上涨的一小段强势行情，这种行情在每一只处于强势阶段的股票身上均会不同程度地出现，因此，如何准确把握住其行情的起始，才是云梯战法操盘的精华所在。

1.2.2　利用趋势持续向上的延续性持股获利

在云梯战法中，要想实现短期获利的目标，关键是如何通过技术手段寻找到一只股票在趋势中出现持续向上运行的时机，并且能够通过股价这种强势的延续性进行判断，因只有当这种短线强势具有一定的延续性时，买入的股票才会出现持续上涨，从而实现最终的波段持股获利。这就要求，云梯战法中所有的买入股票技术，必须通过股价的短期强势特征检验，且该种强势具有一定的持续性。具体来说，即当买入股票时，必须确认股价的趋势短期是强势的，因只有短期的强势状态明显，其才具有持续向上的延续性和动力。所以，投资者在根据云梯战法实战前，必须要明白，云梯战法的获利是在利用股价趋势持续向上的延续性来持股获利的，而明白了这一点，在学习云梯战法的买股技术时，才能理解得更为透彻，最终实现短线持股快速获利的目的。

实战案例：

如图 1-5 雷曼光电（300162）日线图所示，在弱势震荡中，当股价进入了 A 区域后，K 线先是出现了一根光头小阳线，接着出现了一根放量光头涨停阳线，同时，均线形成了五线向上发散运行的多头排列初期的形态，即形成了明显的云梯战法中的揭竿而起式上涨的买股形态，这说明短期内这只股票上涨形成了明显的向上运行态势，即 B 段走势的上涨预期较强，买入后通过股价持续向上的延续运行可以获利，因此，应在 A 区域果断买入股票。这就是云梯战法利用走势持续向上的延续性持股获利的情况。

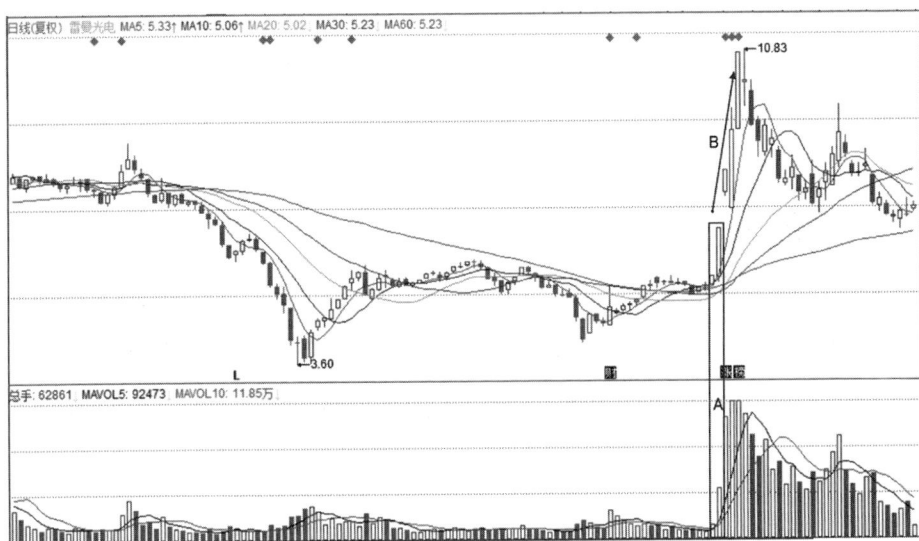

图1-5　雷曼光电日线图

注意事项：

（1）要想确保一只股票能够短期具有一定的、持续向上的延续性，就必须确保其短期趋势是向上的，否则这种短期强势是很难具有持续性的，因此，在利用云梯战法实战买股时，主要判断的就是股价短期强势的可持续性。

（2）投资者要想在买股时能够买到具有延续性的持续向上的股票，就必须严格按照云梯战法的买股要求，多从短期趋势的角度去观察目标股，因短期趋势的强势程度直接关系到其后市是否具有持续性。

1.3　云梯战法应用法则

1.3.1　金二银三：买股时的云梯选择

在应用云梯战法实战时，一定要牢记一条应用法则，那就是买股时的"金二银三"，具体是什么意思呢？就是买股时在强势股的 K 线表现为上涨的期间，不要买在第一根 K 线上涨的当日，而是要买在第二根上涨 K 线的当日，此为"金二"。因为第一根上涨 K 线所在期间，尤其是底部突然启涨时，往往会爆出大量，此时的上涨还不够稳定，所以，只有第二个交易日依然保持着强势上涨时，才能确认为强势的持续。而在多数时候，当股价处于强势状态时，经常会表现为快速封板或一字封板，所以，一旦在第二根上涨 K 线处未能及时买入股票，可在下一个交易日开盘强势初期果断买入，这就是"银三"。

实战案例：

如图 1-6 所示，精伦电子（600355）在经过持续的弱势震荡整理后，进入了 A 区域，出现了明显的放量长阳线上涨，且当日出现了快速涨停，形成了明显的云梯形态；在下一个交易日的 B 区域，K 线形成了一根 T 字涨停线，说明当日是以涨停价开盘，且只在早盘出现了快速打开涨停板后快速封板的情况，此时开板的时间虽然很短，但却是买股时的"金二"时机；如果投资者错过了"金二"买入时机，那么在第三个交易日的 C 区域，一旦开盘股价表现为高开，就应果断在开盘时下单买入，这就是"银三"买入时机。从实际情况来看，精伦电子出现的"金二银三"买入时机都是一闪即逝的，因股价在当日均出现了快速涨停，其后的涨势则更是以一字封板出现，由此可见，越是强势的股票，"金二银三"的时机往往更为短暂和珍贵。

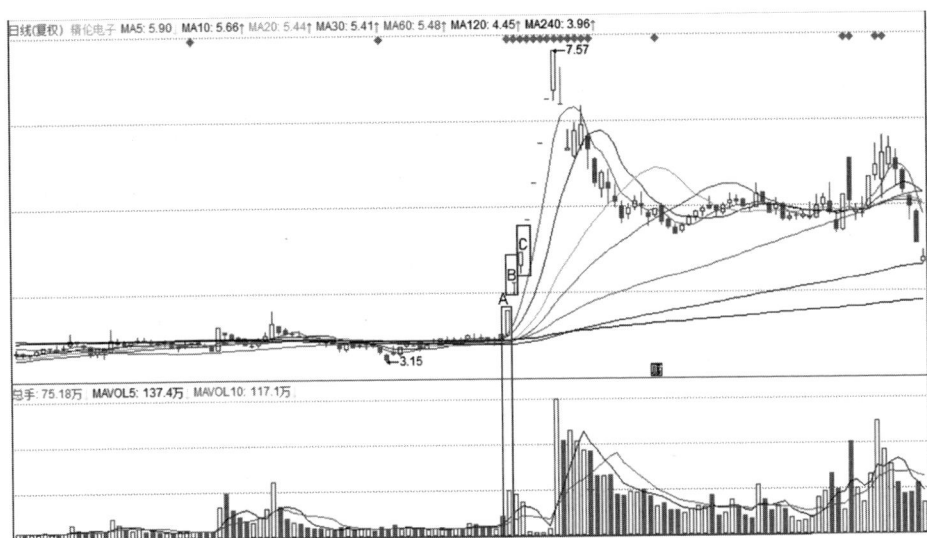

图1-6　精伦电子日线图

注意事项：

（1）"金二银三"是云梯战法在实战应用中极为重要的一条买入法则，投资者在使用云梯战法时，一定要牢牢记在心里，以免错失最佳的买入良机。

（2）在实战期间，投资者一定要明白一条，就是"金二银三"虽然是买入法则，但许多时候，强势股并不一定会给投资者留下这一机遇，所以，当强势启涨股未出现这一时机时，也不可过于懊悔，但有一条必须牢记，即便是失去了再多的机会，也不可在云梯初成的第一根强势上涨的阳线处买入股票。

1.3.2　卖一不卖二：卖股时的云梯选择

投资者在运用云梯战法卖出股票时，一定要牢记卖一不卖二的法则。所谓的卖一不卖二，即当卖出股票时，应在云梯到达云端，首次出现云梯中止上行的第一根梯子横木时，果断卖出股票，而不要等到下一个交易日，云梯出现明显下垂时再去卖出股票。这是因为，越是形成云梯式上涨的强势股，在由强转弱时，越是迅速，经常会表现为明明强势状态下的突然转弱跌停，其后往往会持续大幅下跌。因此，在卖出股票时，一定要在第一时间，只要感觉苗头不对，就应立刻中止持股，果断卖出股票落袋为安。

实战案例：

如图 1-7 中欣氟材（002915）日线图所示，若在 A 区域买入了这只股票，股价在其后的持续上涨中进入了 B 区域，并出现了明显的放量下跌，当日的盘口也显示主力是以大幅流出为主，那么，此日即应果断卖出股票，虽然从当天的云梯形态来看，K 线依然处于上行状态，但短期 K 线的冲高回落明显，所以，必须在第一时间果断卖出股票，这就是卖一，而非卖在 B 区域其后云梯回落时的第二个交易日，甚至是第三个交易日。

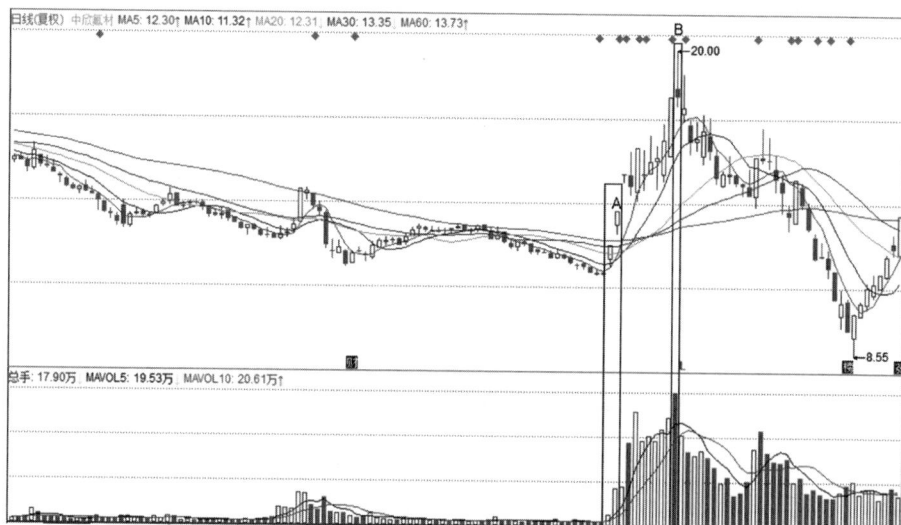

图1-7　中欣氟材日线图

注意事项：

（1）卖一不卖二是投资者在运用云梯战法实战时必须遵守的一条法则，因为云梯战法属于一种短线操盘技术，在买卖股票时，依据更多的往往是股价短期强弱的征兆。

（2）在遵循卖一不卖二法则的前提下，若是投资者在卖出了股票后，发现次日甚至当日股价又出现了再次转强，其后虽仍持续转强，也万万不可再买回来，因此阶段的强已不是真正意义上的强，往往是主力在刻意做高出货，所以，哪怕是涨幅再可观，也不可介入，因其陷阱往往可能更大。

第 2 章

操盘攻略：
云梯战法获利的根基

对于云梯战法而言，操盘攻略是其操盘的根本所在，再好的技术也是要依据不同的操盘攻略进行匡正的，因此，操盘攻略才是云梯战法能够在实战时取得胜利的根本所在，如操盘策略、交易原则、操盘纪律等内容，均是投资者在学习云梯战法前的必修内容。

2.1 操盘策略

2.1.1 右侧操盘策略

右侧操盘策略，几乎是绝大多数炒股技术都遵循的一种操盘策略，也是做多获利下的一条通用的操盘策略，它是指投资者在交易前，不是根据左侧的趋势进行交易，而是根据右侧的趋势，即股价出现与左侧相反走势的趋势时，再进行交易。因此，在右侧操盘策略下进行的交易，都是在明显看到了趋势转折或短期突变后，再进行交易，相对而言，交易的安全性得到了有效保障。因此，投资者在学习云梯战法前，一定要明白什么是右侧操盘策略，因这一策略几乎贯穿整个战法的始终，尤其是在买入股票时，此外，它也是交易中具有指导性的核心内容。

实战案例：

如图 2-1 山东黄金（600547）日线图所示，当股价在横盘弱势震荡中进入 A 区域后，先是出现了一根较小的小幅放量阳线，接着 B 区域再次出现了一根明显放量的中阳线，趋势明显转为了五根均线向上发散的多头排列，根据云梯战法的买股要求，在 B 区域应果断买入股票，而从 B 区域的买入可发现，是买在了股价由左侧 A 区域不明显的震荡行情转为短线上行之初的状态中，这就是在做多交易的右侧操盘策略指导下的具体买入交易。

注意事项：

（1）右侧操盘策略是具体指导云梯战法交易的一个重要操盘策略，尤其是在判断买卖信号时更具有指导作用，所以它是云梯战法中最为重要的一个操盘策略，必须事先深入了解。

（2）投资者要想更为深刻地了解右侧操盘策略，就必须学好趋势，以及趋势突变或趋势反转，因只有明白了趋势运行的规律，以及趋势反转时的特征，才更有利于理解右侧操盘策略，以及在这一思想指导下准确捕捉到云梯战法的买卖交易信号。

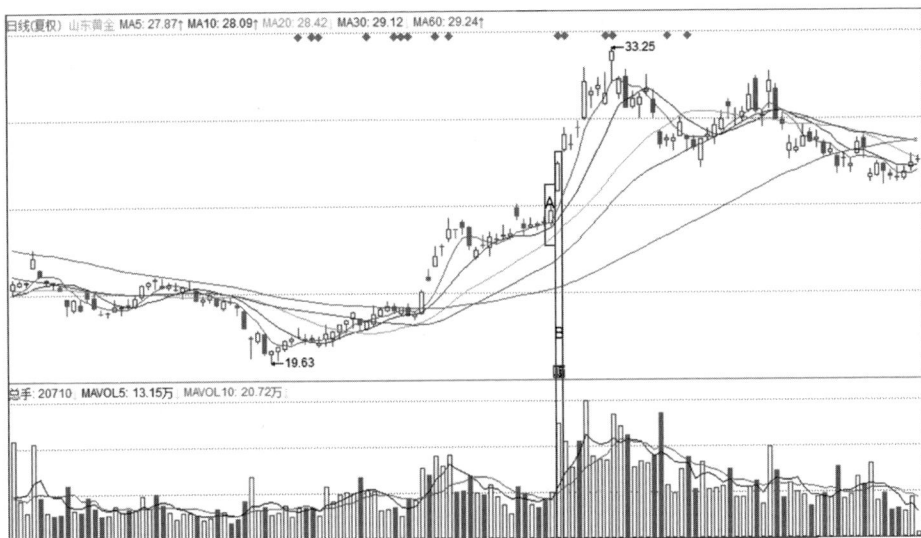

图2-1　山东黄金日线图

2.1.2　小波段操盘策略

小波段操盘策略同样是云梯战法中一个重要的操盘策略，因为这一策略直接关系到投资者在根据云梯战法实战期间的持股原则。小波段策略与波段策略是不同的，投资者在根据云梯战法买入一只股票后，通常要持有的时间相对较短，只是持有股价持续快速上涨的这一个小波段。这一持股的小波段，就是股价快速强势上涨的小波段，也就是在趋势引领下的一段加速上涨的小波段。投资者在学习云梯战法前，一定要深刻明白小波段操盘策略，这样才能在其后的学习中更为深刻地理解对持股及卖股的判断，它们都是在这一策略指导下设定的判断标准。

实战案例：

如图 2-2 中煤能源（601898）日线图所示，无论是 A 区域持续放量上涨的买入股票和 B 区域量价齐跌的卖出股票，还是 C 区域阶梯式上涨的买入股票和 D 区域孕线弱势下的卖出股票，这两次根据云梯战法的一买一卖的操作，均是在小波段操盘策略指导下所进行的交易，只不过 A 到 B 的小波段为弱势启涨后的小波段，C 到 D 的小波段是上涨趋势中加速上涨的小波段。

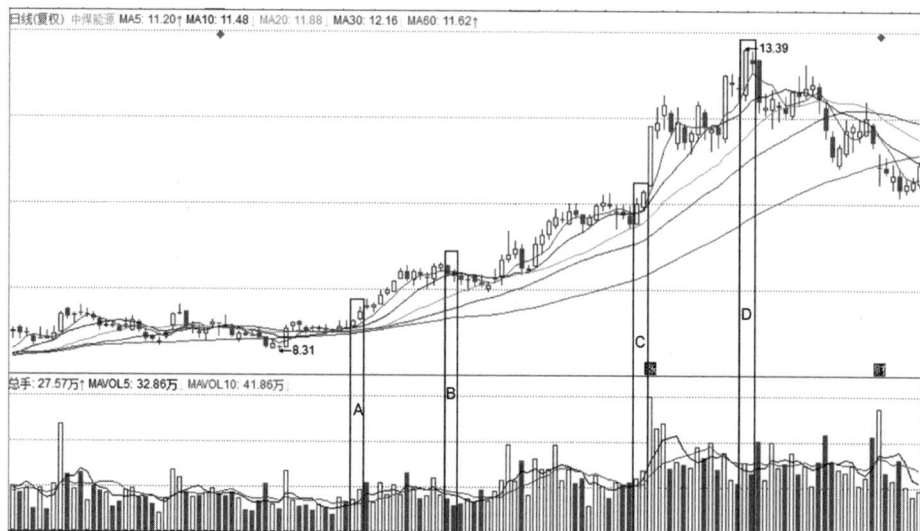

图2-2　中煤能源日线图

注意事项：

（1）在小波段操盘策略中，关键是要明白这一小波段不是指特定的时间，虽然小波段的时间通常较短，但这一点不是绝对的，而是要通过股价强势是否终止来确定的，因此，明白小波段，就要明白它是特指股价加速上涨的这一小波段。

（2）投资者在明白了小波段操盘策略后，在实战期间，一定要结合右侧操盘策略的内容去学习云梯战法中的其他内容，尤其是在买卖交易与持股判断等方面，因为小波段操盘策略与右侧操盘策略是相辅相成的。

2.2　交易原则

2.2.1　趋势明朗后再买入

投资者在学习云梯战法前，要明白一条交易原则，即在买入股票时，一定要等到趋势明朗后再买入。因为若是趋势不明朗，则无法确保买入后股票的趋势能够保持强势状态，难以实现短期获利。因此，看清趋势后再交易，是云梯战法买入股票时的一条交易原则。而这种趋势，包括但并不完全是指大趋势，主要强调的是股价的短期趋势，即短期趋势必须是明朗的强势向上的趋势，此时方可买入股票。这就是云梯战法中趋势明朗后再买入股票的交易原则。

实战案例：

如图 2-3 联明股份（603006）日线图所示，若是在根据云梯战法买入股票期间，一旦发现 A 区域中的股价处于持续温和的小幅上涨，成交量却保持在相对较小的地量状态时，说明趋势依然不够明显，所以不应买入股票，而应到其后的 B 区域，在股价接连出现两根明显放量上涨的光头涨停阳线，符合云梯战法阶梯式上涨的买股要求时，即说明趋势已快速转强，果断买入股票。这就是在趋势明朗后再买入的交易原则下的交易行为。

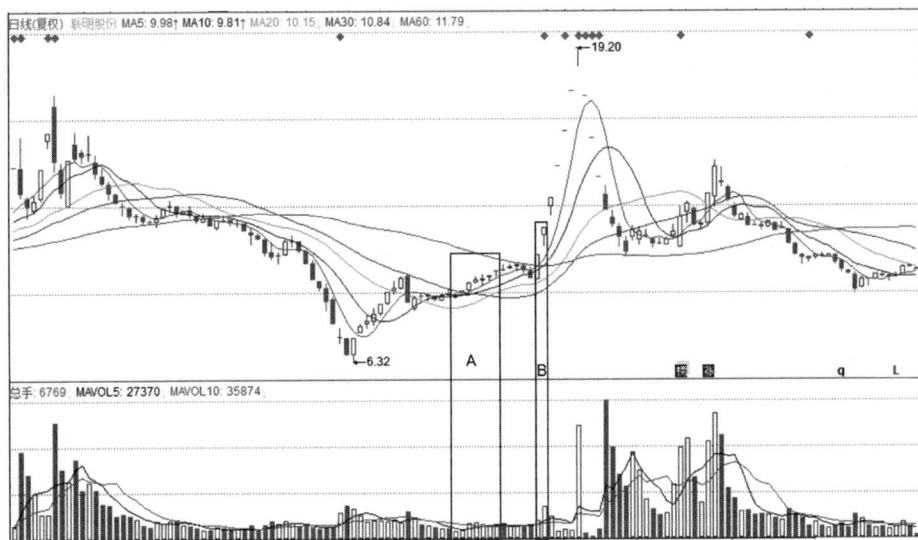

图2-3　联明股份日线图

注意事项：

（1）要想始终遵循趋势明朗后再买入的交易原则，投资者就必须事先对趋势进行充分了解，这样才更有利于当形成了云梯战法的买入形态时，能够准确地把握好当时的短期趋势，从而在最佳的买入时机果断买入股票。

（2）投资者在学习云梯战法中的趋势明朗后再买入的交易原则时，包括其他的交易原则，都要明白另一个道理，所有的交易原则，都应顺应操盘策略，而不应与之违背，这是云梯战法的一条通用原则。

2.2.2　买入交易时要果断

投资者在根据云梯战法实战前，一定要明白买入交易时要果断的交易原则，因为云梯战法属于操作强势股的一种炒股技术，当买入形态出现时，投资者容易对股价突然快速的强势产生怀疑，进而犹豫，甚至产生是否交易的疑虑。虽然云梯战法的准确率相当高，但由于人为等因素，无论哪一种炒股技术都不敢说自己有百分之百的准确率，作为投资者来说，无论是根据哪一种炒股技术操作，都应在买入股票时果断，因为犹豫是一种不良的操盘心理，实战时一定要克服，而克服的唯一办法就是做到买入交易时的果断，只要目标股符合云梯战法的买股要求，就应该果断买入股票。

实战案例：

如图 2-4 合锻智能（603011）日线图叠加 2024 年 2 月 21 日分时图所示，若是投资者在股价持续下跌中发现，在进入 A 区域后，这只股票的股价出现了持续上涨，尽管在前两根阳线期间未明显放量，到第三根光头光脚阳线时依然未放量，但通过当日的分时图观察发现，当日股价在小幅低开后出现了直线大角度上行的涨停波，且期间持续放量明显。因此，符合云梯战法买股时的强势特征，应果断在股价早盘封板前买入这只股票。这种操作，就是在买入交易要果断的交易原则下的交易行为。

注意事项：

（1）买入交易时要果断既是一条买入交易的原则，同时又是一条操盘纪律。因此，投资者在学习云梯战法前，必须牢牢记住这一点，以便在其后的实战买入时,能够始终坚持这一原则,养成一种良好的操盘习惯。

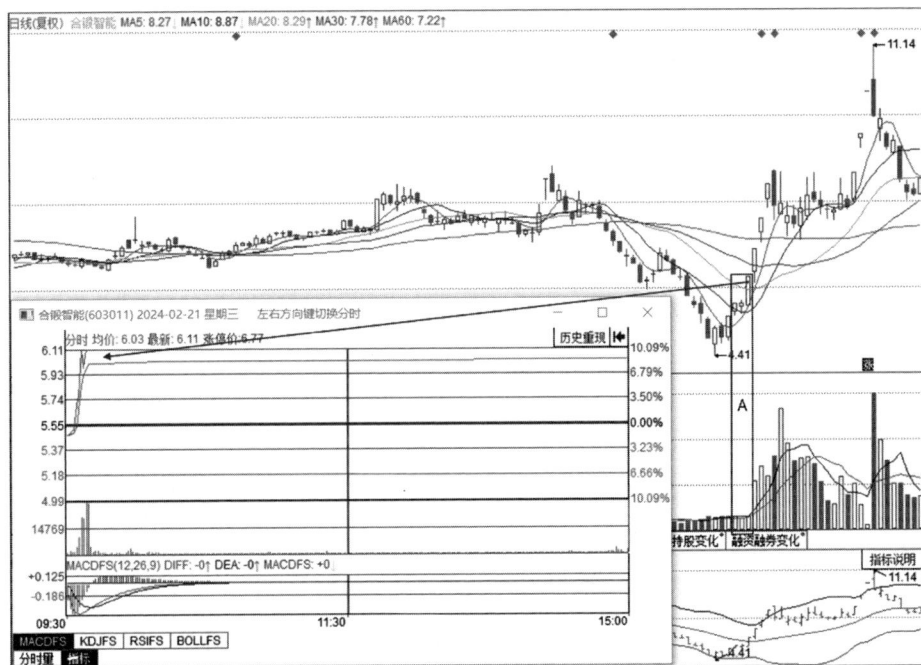

图2-4 合锻智能日线图叠加2024年2月21日分时图

(2)投资者在实战中应严格做到买入交易时要果断,必须在学习云梯战法的买股要求时做到心细,对知识进行全面深入了解和学习,并通过小仓位实践做到熟练运用,这样在实战时才不会犹豫,而敢于果断出手。

2.2.3 卖出交易时要坚决

投资者在根据云梯战法实战期间,不仅要做到买入股票时的果断,同时还要做到在卖出股票时的坚决。因为在短线操盘中,考验最多的是投资者的判断能力,尤其是操作强势股时,这一点更重要,但在买入股票后,短线操盘最忌讳的就是拖,所以,在云梯战法中买入股票与卖出股票交易时,都讲求快。总之,投资者在学习云梯战法时,一定要明白卖出交易时要坚决的原则,以便在日后的实战中严格落实。

实战案例：

如图 2-5 中衡设计（603017）日线图叠加 2024 年 4 月 26 日分时图所示，若投资者在 A 区域根据云梯战法买入了这只股票，一直持有到 B 区域后，该股整个上午一直处于封板状态，应保持持股。但到了午后盘中 14：00 左右时，涨停板被打开，股价线出现了几近直线的大角度下行，且放量明显，因此，投资者应在 C 区域确认弱势时，坚决卖出股票。这种操作，就是在卖出股票时要坚决的交易原则下的卖出交易行为。

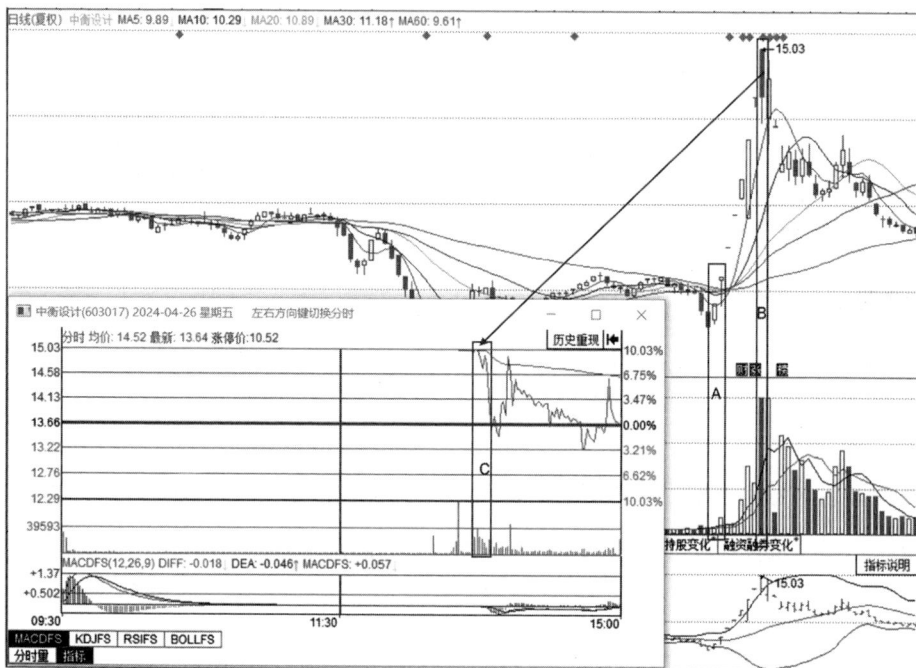

图2-5　中衡设计日线图叠加2024年4月26日分时图

注意事项：

（1）卖出交易时要坚决与买入交易时要果断是一样的道理，要求的是投资者在卖出股票时，只要发现持股达到了云梯战法卖出股票的要求，就要敢于坚决卖出，而不要有任何思想或行为上的迟疑。

（2）投资者在根据云梯战法实战期间，要想遵守好卖出交易时要坚决的交易原则，在卖出股票时，就要严格遵守好现价委托交易原则，因只有在现价委托交易原则指导下，投资者才能够在卖出股票时做到坚决和果断。

2.2.4 现价委托交易

现价委托交易是云梯战法中最为重要的一条交易原则，无论投资者在买入股票还是卖出股票时，只有在现价委托交易原则的指导下，才能够顺利实现买入交易时要果断和卖出交易时要坚决这两条原则，因为投资者只有在交易时以当日的市场现价进行卖出或买入委托，才能够在第一时间，即提交委托单后立即达成交易。因此，投资者在坚守现价委托交易原则的同时，必须明白具体的现价委托交易的方法：在买入股票时，必须以委卖 1 处挂单的价格填写并进行委买下单提交；卖出股票时，必须以委买 1 处挂单的价格填写并进行委卖下单提交。这样才能够确保所提交的委托交易单能够提交时立即成交，因为只有市场上存在真实的委卖或委买单，投资者按照其价格去选择对应的买卖交易，才能达成交易，否则，委买或委买单的提交，只能是一种意向。因此，投资者在根据云梯战法实战时，一定要严格按照现价委托交易的原则进行买卖股票的交易。

实战案例：

如图 2-6 中科曙光（603019）日线图所示，投资者根据在 A 区域形成的云梯战法买股形态买入这只股票期间，应以当日对应的委卖 1 的价格来提交委买单；若是在其后持续上涨的 B 区域，发现股价出现了卖股形态时，则应在卖出时以当时对应的委买 1 的价格进行委卖单提交，只有这样才能在提交委托单后立即实现成交，这就是在现价委托交易原则下的现价交易方法。

注意事项：

（1）现价委托并不是炒股软件中显示的即时现价，现实中往往存在着一定的差距，因股价在涨跌波动时，会根据其涨跌方向自动显示一种趋向，如下跌时，股价或会持续以委买 1 的价格出现，所以在买股时，以委买 1 的价格是难以立即买到股票的，只有以委卖 1 的价格买才能达成交易。

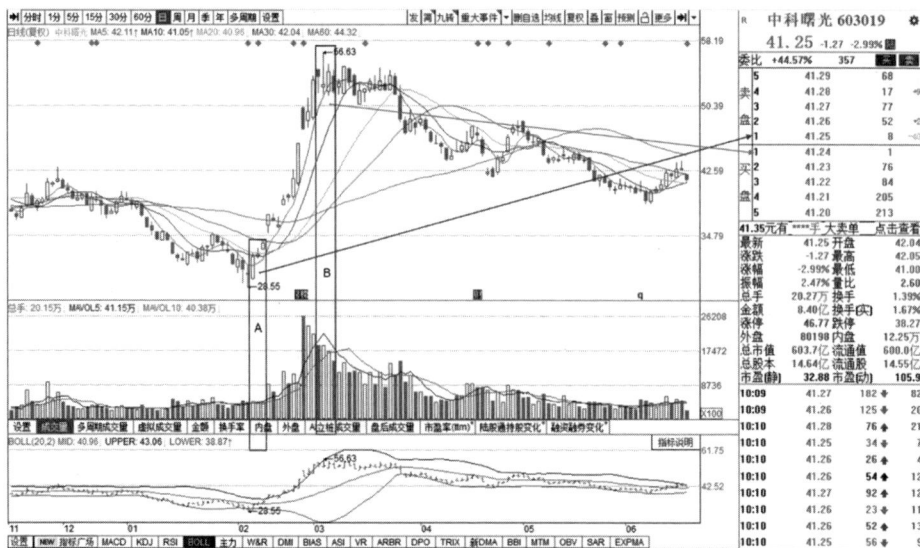

图2-6　中科曙光日线图

（2）投资者在学习现价委托交易方法时，只要牢记一个原则即可：买股票时以委卖1的价格挂单，卖股票时以委买1的价格挂单。若是投资者交易股票的数量较大，即委卖1或委买1的盘中挂单数量较小时，可同时在买时挂些委卖2的价格单，卖时挂些委买2的价格单，这样才能在提交委托单后的第一时间达成交易。

2.3　操盘纪律

2.3.1　不要贪婪

不要贪婪是云梯战法操盘的第一大纪律，尤其是在卖出股票时，往往在贪婪之心的影响下，会让投资者明明在应该卖出的最佳时机产生犹豫和观望心理，从而错失了最佳卖出时机，使收益减少，若是继续犹豫和观察，甚至会将原本是获利的一轮操作，转变为一轮投资的亏损。所以，投资者在根据云梯战法实战前，一定要学会或坚守不要贪婪的纪律。

实战案例：

如图 2-7 赛福天（603028）日线图所示，若是投资者在根据云梯战法操作股票期间，当看到 A 区域形成了明显的阶梯式买股形态时买入这只股票后，在其后的 B 区域却发现股价形成了云梯在空中漫步的卖股形态，此时就不应再贪婪，而要果断卖出股票。即便当时未发现这种卖出形态，在其后的 C 区域当再次出现云梯在空中漫步形态时，就不要再贪婪，应果断卖出股票，否则其后必然会遭遇收益降低甚至是由获利变为亏损的结局。这就是云梯战法操盘时必须遵守的不要贪婪的纪律。

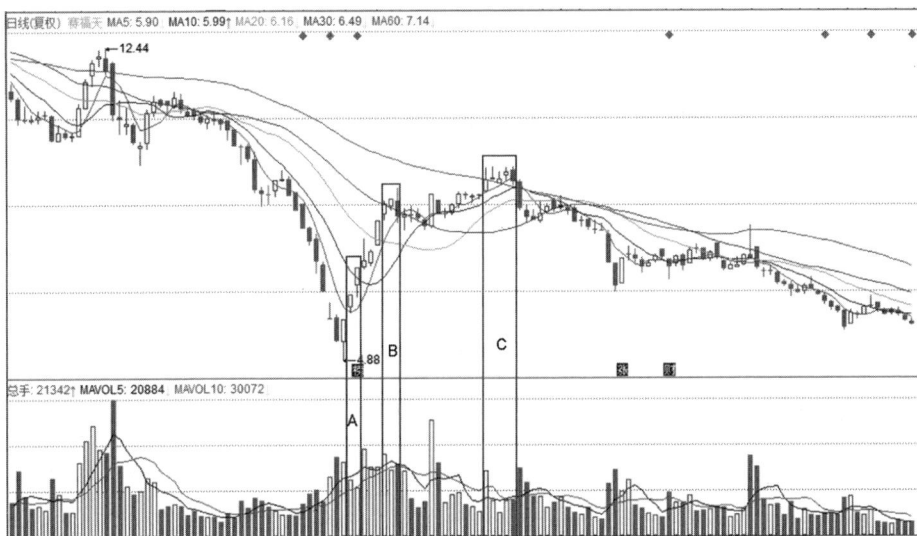

图2-7　赛福天日线图

注意事项：

（1）主力的操盘思维都是与散户相反的，尤其是那些大主力资金，往往会利用散户或是小主力的弱点，进行迷惑，以达到战胜对手的目的，因此，从这个角度看，股市其实就是一个巨大的心理博弈场，各方比拼的不仅仅是资金的实力，更多的是心理。

（2）投资者要想克服贪婪的欲望，就必须多学习云梯战法的技术，因为一个人只有技术扎实了，务实的心理才会更多一些，不会再过多地去依靠运气炒股，无形之中也会摒弃贪婪和幻想。此外，投资者也一定要严格按照云梯战法的技术要求去一一执行和落实，这样就完全避免了让贪婪之心复燃的机会。

2.3.2　不刻意抄底

抄底，是许多投资者一直梦寐以求的一件事，因若是成功抄底了，则后市一旦股票转强，收益会相当大。但是，云梯战法作为一种短线强势股的操盘技术，必须要坚决拒绝这种心理，因在操作强势股时，99% 的技术都不是观察其弱势，而是强势，不怕不强，就怕不够强。一旦股价短线表现弱势，则为其后面的强势行情留下了一层不确定的阴影。因此，投资者在根据云梯战法买入股票时，一定要遵守不刻意抄底的纪律，而是要换一种思维，多从强势的角度来观察目标股，因为在股票市场存在着一个强者恒强的定律，所以，在短线炒股时是买强不买弱的。

实战案例：

如图 2-8 天鹅股份（603029）周线图所示，若是投资者在选股期间，发现周线图上这只股票在 A 区域出现了下跌后的长期箱体震荡的弱势，认为股价基本上是调整到位了，也不要轻易去逢低抄底买入，因为抄底属于一种弱势买入方法，与云梯战法的买股理念是完全相反的，而这种抄底的后果是其后股价会延续前期持续下跌的弱势。因此，投资者在根据云梯战法操盘期间，一定要遵守坚决不抄底的纪律。

注意事项：

（1）抄底是中长线操盘技术中经常会使用到的一种技术，但这种技术却不适用于短线操盘，所以，即便是在寻找那些上涨趋势短期调整结束的买点时，也是在其转强时买入，而非是股价弱势时买入，因此，短线操盘中一定要遵守坚持不抄底的纪律。

图2-8　天鹅股份周线图

（2）抄底是一种不好的炒股习惯，技术不够熟练的投资者多数会抄在半山腰，因为底是走出来的，而非预判出来的，而长线投资中的底也只是一个底部区域，并非真正的底，所以，在云梯战法实战中绝不允许抄底。

2.3.3　切忌犹豫

犹豫是许多投资者经常会犯的一种错误，甚至不少投资者会因此养成遇事犹豫的习惯，事实上，这是一种不好的投资习惯或心理，因犹豫代表着对自己的判断产生了怀疑，而投资者的判断来源于什么呢？自然是技术，所以，犹豫的根本原因就是对所学技术缺少底气。造成这种情况的根本原因是投资者炒股技术不够熟练，因为学会了所有的云梯战法技术后，并不意味着就能够熟练应用了，还必须以小仓位的方式不断进行实战练习，这样才能锻炼自己的判断能力和执行能力，当投资者对所有技术都能够熟练运用了，才算是真正掌握了这一技术，此时再去实战操作，自然失误就少了，成功率一高，也就不再会在交易期间去犹豫了，因为通过操作实现了获利。因此，交易时犹豫的习惯，是经常操作失败的投资者最容易产生的一种不良心理，长期在犹豫心理的影响下，会造成恶性循环，因犹豫必然会导致观望、不敢交易，经常会错失行情，时间一久，若是再出现这种情况，在犹豫中买入了股票，却因为判断上的失误而出现损失，越发影响到心理及其后的判断。因此，投资者在根据云梯战法买入股票时，一定要遵守交易时切忌犹豫的纪律。

实战案例：

如图 2-9 凯众股份（603037）日线图所示，投资者若是在 A 区域发现股价形成了云梯战法的买股形态时，千万不可再犹豫，因为在 A 区域内右侧为一根光头涨停阳线，稍一犹豫，当日即无法在涨停前买入股票了，势必会错过一轮行情。在其后的上涨中，B 区域与 D 区域出现了主力洗盘，此时也不可再犹豫，应果断卖出股票，随后，在 C 区域出现明显的云梯下一个台阶的卖股形态时，则同样不应再犹豫和观望，应果断卖出股票，这样才能卖在股价转跌之初的高位。因此，在根据云梯战法交易期间，投资者一定要遵守交易时切忌犹豫的纪律。

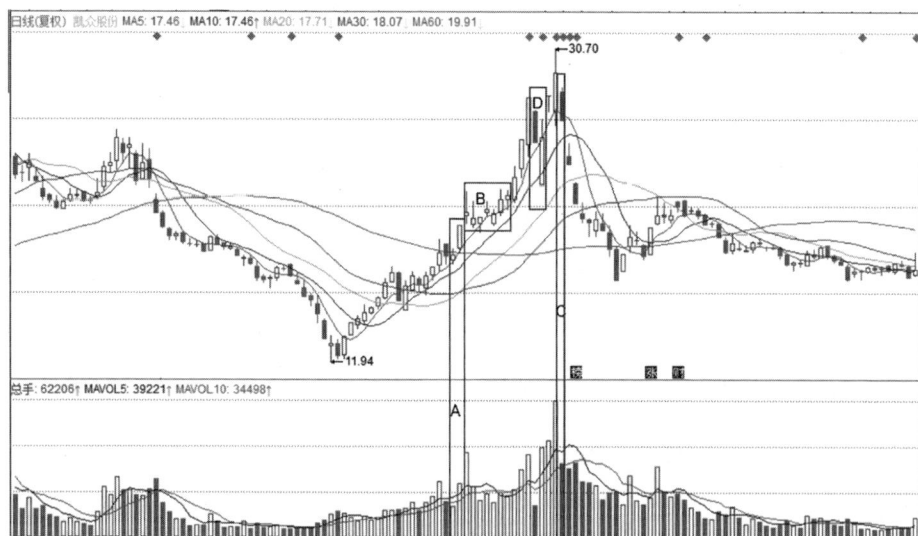

图2-9 凯众股份日线图

注意事项：

（1）投资者之所以在股票交易时容易产生犹豫，多数是因为对炒股技术掌握得不够熟练，内心缺乏自信，所以，必须认真学习云梯战法中的所有技术，且掌握后要不断小仓位实战了。

（2）犹豫心理最容易让投资者产生患得患失的情绪，致使错过一段行情，长久下去，则难以通过炒股获利，若是受此情绪影响较深，甚至会把炒股当作赌博，不利于树立正确的投资观与价值观。

2.3.4　拒绝恐惧心理

恐惧心理，也是投资者最容易产生的一种情绪，受此情绪影响，投资者往往会在交易期间做出与最初的技术判断完全相反的行为，所以，这种心理会严重影响到投资者的正常交易。例如，在云梯战法的实战中，若是投资者看到一只股票出现了底部快速启涨，在量略大了或是略小了时，就会迟疑，股价从底部平台已经出现了一个涨停，在第二个涨停即将出现的时候，若是看到大盘呈弱势震荡状态，自然会怀疑眼前股票的上涨是否真的能够持续？也许是主力在诱多，而且大盘在弱势下，盘中的多数股票是难以独善其身的，投资者甚至会对股票的强势充满怀疑和恐惧，怕它是再次下跌前的假上涨。在这种心理作用下，自然不敢买入股票，结果迟疑中看着强势股一路上涨，错失了一次绝好的操作时机。因此，投资者在根据云梯战法实战期间，一定要严格遵守拒绝恐惧心理的纪律。

实战案例：

如图 2-10 华立股份（603038）日线图所示，若是投资者在根据云梯战法买入股票期间，当在 A 区域发现形成了阶梯式持续光头涨停阳线式的上涨时，不要因为是股价在低位突然强势启涨而心生恐惧，怀疑这种强势是否能够持续而犹豫不决，而要坚信云梯战法的买入形态及要求，果断在 A 区域买入，这样方可获得 B 段波段的上涨所带来的收益。因此，投资者在实战期间，一定要遵守拒绝恐惧心理的纪律。

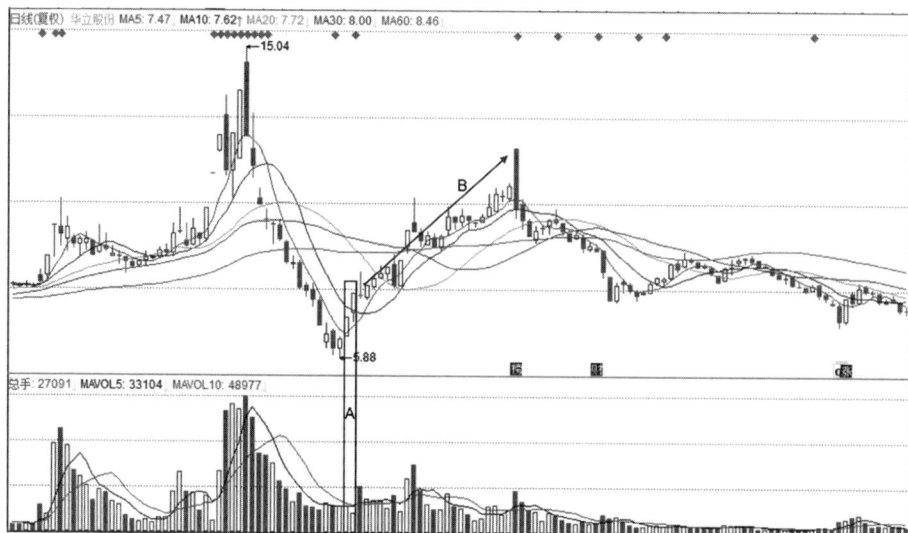

图2-10　华立股份日线图

注意事项：

（1）恐惧心理包括恐高与恐低两种心理，恐高心理在云梯战法中经常会出现在投资者买入股票与持股期间，而恐低心理一般不会出现在云梯战法的操作中，因不存在埋伏买入的情况，但投资者一定要在交易期间严格遵守拒绝恐惧心理的纪律。

（2）要想克服恐惧心理，必须认真学习云梯战法的每一项技术，并多从趋势上去观察一只股票的走势，了解趋势运行的规律与特点，同时在技术熟练的情况下，多以小资金去实战检验和熟练云梯战法的操作，这样去实战交易时自然就不会心生恐惧了。

2.3.5　不迷信消息

消息分为利好消息与利空消息，对于不少投资者来说，因消息的这种利好与利空的作用，经常会使得股票价格在盘中大幅波动，所以，很多投资者都喜欢到处去看关于想买的或已经买到的股票的消息。但事实上，消息通常是很难真正影响到一只股票的价格的。比如利好消息，通常都是上市公司中大单或行业的一些支持行为等，这些内容，其实投资者只要平时多关注经济及产业动向，是不难了解的，且企业中大单的利好，或是丢了大单甚至是业绩下滑的利空消息，都是企业经营过程中经常出现的，只要不是行业出现大的改变，如技术突破导致行业重新洗牌等，一般的消息对上市公司基本上是没有什么影响的。反而是在现实中，消息经常被操盘的主力机构利用。如股价在持续上涨的高位区，关于这只股票或所属行业的利好消息就会经常发布，主力机构好借机高位出货；而股价在低位区时，关于一些股票的利空消息或行业的利空消息也会满天飞，会影响到投资者的交易，让投资者心生恐惧，明明看到的是低位，却不敢买。因此，投资者在根据云梯战法实战期间，一定要遵守不迷信消息的纪律，尤其是一些小报或网站上传播的小道消息，更是不要轻易相信，因小道消息可信度低，现实中经常会出现因某些“小作文”消息而造成的某些股票一日游的乌龙事件，投资者若是依靠消息去交易，势必会亏损较大，所以，必须遵守不迷信消息的纪律。

实战案例：

若是投资者在买股前看到了图 2-11 中同花顺资讯内的一条关于新坐标（603040）在 2024 年第一季度的净利润增长的消息，以及图 2-12 中关于公司实施 2023 年年度权益分配预案即每 10 股派 4 元的分红公告，认为是利好消息，即决定买入这只股票。

财报速递：新坐标2024年一季度净利润4856.15万元

同花顺iNews　2024-04-27 17:10　135人已读

4月27日，A股上市公司新坐标发布2024年一季度业绩报告。其中，净利润4856.15万元，同比增长1.22%。

根据同花顺财务诊断大模型对其本期及过去5年财务数据1200余项财务指标的综合运算及跟踪分析，新坐标近五年总体财务状况尚可。具体而言，盈利能力、偿债能力、现金流、资产质量良好。

净利润4856.15万元，同比增长1.22%

从营收和利润方面看，公司本报告期实现营业总收入1.42亿元，同比增长7.60%，净利润4856.15万元，同比增长1.22%，基本每股收益为0.36元。

从资产方面看，公司报告期内，期末资产总计为15.11亿元，应收账款为8313.87万元；现金流量方面，经营活动产生的现金流量净额为5802.20万元，销售商品、提供劳务收到的现金为1.82亿元。

财务状况较好，存在7项财务亮点

根据新坐标公布的相关财务信息显示，公司存在7个财务亮点，具体如下：

指标类型	评述
收益率	净资产收益率平均为15.65%，处于行业前列。
盈利	毛利率平均为56.67%，行业内表现出色。
成长	净资产同比增长率平均为9.86%，处于行业头部。
应收	应收账款周转率平均为7.01(次/年)，公司收帐迅速。
负债	付息债务比例为3.41%，债务偿付压力很小。
偿债	速动比率为3.45，短期偿债能力出色。
收现	主营业务收现比率平均为108.39%，公司收入的变现能力很强。

风险项较少，存货周转是唯一风险

根据新坐标公布的相关财务信息显示，存货周转指标是唯一风险。存货周转率平均为1.73(次/年)，存货变现能力较差。

图2-11　同花顺资讯

新坐标公布2023年年度权益分配预案 拟10派4元

同花顺财经讯 新坐标于4月27日发布公告,公司2023年度权益分配预案内容如下:以总股本13377.36万股为基数,向全体股东每10股派发现金红利人民币4.00元,合计派发现金红利人民币5350.95万元,不送红股,不进行资本公积转增股本。

据新坐标发布2023年度业绩报告称,公司营业收入5.83亿元,同比增长10.72%;实现归属于上市公司股东净利润1.84亿元,同比增长18.38%;基本每股收益盈利1.38元,去年同期为1.17元。

杭州新坐标科技股份有限公司的主营业务为精密零部件的研发、生产和销售。公司主要产品包括气门组精密冷锻件、气门传动组精密冷锻件以及其他精密冷锻件等,产品目前主要应用于汽车、摩托车发动机的配气机构。公司先后获得上海大众动力总成"优质质量表现奖"和"EA211零件"送样免检证书、比亚迪"最佳质量奖"、长安福特"卓越质量一等奖"、中国重汽集团"优秀质量奖"奖等多家供应商授予的荣誉;浙江省"隐形冠军"、第一批专精特新"小巨人"、制造业单项冠军示范企业、浙江省制造业首台(套)产品等称号。

图2-12　同花顺资讯

那么,不妨具体看一下图2-13中新坐标(603040)的日线图,在消息发布的2024年4月26日的A区域,股价是处于小幅上涨的,并未出现云梯战法规定的买入形态,以及股价短期强势的形态,因此,此时买入这只股票根本是没有任何道理的,其后必然会遭受因股价震荡所带来的小幅亏损。因此,投资者在买股时万不可只根据某一条或数条对上市公司可能是利好的消息就买入股票,必须遵守不迷信消息的纪律,按照操盘要求去具体买卖股票。

图2-13　新坐标日线图

注意事项:

(1)消息虽然有利空与利好两种类别之分,但往往在市场强势时,所有的利空消息都会被市场解读为利好，而所有哪怕是微小的利好消息，也会成为股价上涨的理由；而市场在弱势期间，所有的利好消息不仅不会成为利好，反而会成为刺激股价短时上冲后再次下跌的导火索，而所有的利空消息也会被放大，这是大市对消息的惯性反应，所以，投资者的交易绝不能受消息影响。

（2）只有那些能够造成上市公司生产经营发生重大变化，从而造成公司业绩大幅提升或降低的消息，甚至是影响到整个行业的未来发展或行业重新洗牌的新技术出现的消息，才是真正能够影响到上市公司的生产与经营的消息，只有这类消息，投资者方可重视，否则基本上均可忽略。

2.4　操盘步骤

2.4.1　制定操盘策略

投资者在根据云梯战法实战前，一定要先制定好具体的操盘策略，因操盘策略就像是交易的导航灯，是指导交易的根本，所以，在运用云梯战法交易前的第一个步骤就是制定好具体的操盘策略，而这一操盘策略，就是前面详细介绍过的两个操盘策略——右侧操盘策略与小波段操盘策略。这两个策略并不矛盾，且处于相辅相成、相互补充的一种状态，因为小波段策略是指操盘的时间与趋势方向，是以股价快速上涨的这一小波段操作为主，而右侧交易是指在买入交易与卖出交易时，买入时必须要看到 K 线右侧的股价表现出持续强势状态时才选择买入，卖出股票时则要看到 K 线右侧的股价表现为短线的快速弱势下跌时，才选择卖出股票。因此，投资者在制定操盘策略时，并不需要另外去制定，而是要在心理复习或回味一下右侧操盘策略与小波段操盘策略的具体内容即可，主要目的是让投资者在交易前明晰一下此轮操作必须遵守的云梯战法中的操盘策略，以便在交易时时刻牢记这两个操盘策略，并在其具体内容的指导下去规范实战期间的所有交易与判断。

实战案例：

如图 2-14 新经典（603096）日线图所示，投资者在准备按照云梯战法操作一只股票前，必须在操盘前制定好右侧操盘策略和小波段操盘策略，即在 A 区域出现买股形态和 C 区域出现卖出形态时遵循右侧操盘策略，以及在 B 段的上涨小波段时保持的持股策略，这样才能在操作时有对操作目标的定位与交易指导的框架约束，才能最终实现获利。因此，制定操盘策略只是操盘的第一个步骤，完成后方可进入下一个步骤。

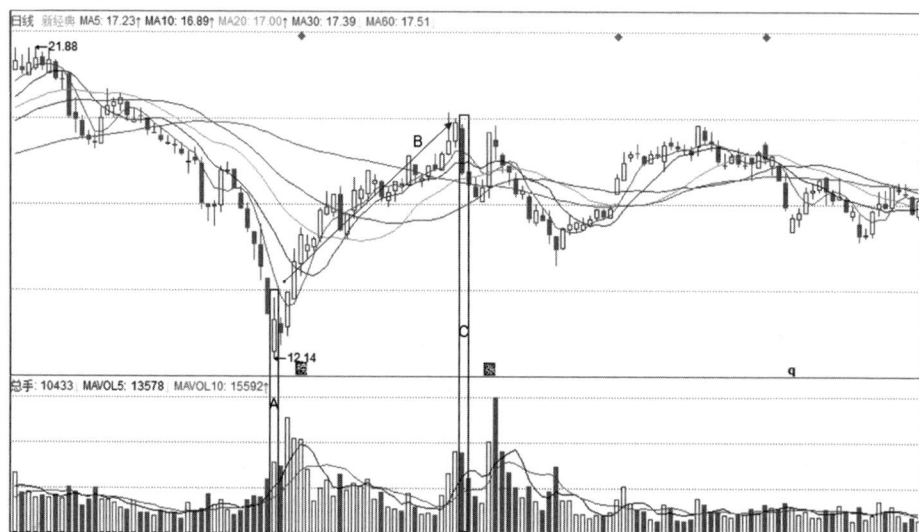

图2-14　新经典日线图

注意事项：

（1）制定操盘策略是投资者在根据云梯战法实战时的第一个步骤，但在这一步骤中是无须另行制定操盘策略的，只需要在心里明晰一下云梯战法中的右侧操盘策略与小波段操盘策略的具体内容即可。

（2）投资者在根据云梯战法实战初期，在明晰操盘策略时，不要只把它当成一种程序而走走过场，而是要真正地在心里牢记右侧操盘策略与小波段操盘策略这两个操盘策略的内容，并将其内容落实到其后交易中的每一个环节，这样才能使所有的交易行为，都是在操盘策略引导下做出的规范性的交易行为，才能最终实现获利目标。

2.4.2 严格选股

在根据云梯战法实战时，当完成了第一个步骤制定了操盘策略后，就要进入选股的第二个步骤了，这一步骤虽然和第一个步骤一样，是无须实际交易的，但却是交易前必须做好的一项重要的准备工作，因为只有选好符合要求的股票，其后的交易才能顺利进行。所以，在选股这一环节中，必须严格按照选股要求，从技术面和基本面的具体要求出发，去认真选择好符合要求的目标股，同时，在所有符合选股要求的目标股中，选出那些为优选品种的股票，并进行持续的观察，一旦符合第三个步骤的要求，即股价出现了买股时机时，就应果断买入股票。因此，第二个操盘步骤虽然不涉及交易的选股环节，但却是云梯战法操盘过程中必不可少的一项重要内容。

实战案例：

若是投资者在操盘期间，完成了上一个步骤制定了操盘策略，接下来就要进入选股步骤了。如图 2-15 越剑智能（603095）月线图所示，在 2020—2023 年的 A 区域，发现股价在三年时间内都处于跌破发行价后的持续箱体震荡中，为底部震荡的弱势形态，符合云梯战法的技术选股要求。这时就要对其基本面进行观察了。

如图 2-16 越剑智能（603095）的财务分析所示，这只股票 2021—2023 年的净利润、基本每股收益、净资产收益率一直保持着优良状态，且负债率连续三年保持在 20% 左右，为健康状态。而在图 2-17 越剑智能（603095）的最新动态中发现，这是一只破净股，且为专精特新、高端设备的浙江省名牌企业和国家重点高新企业，因此也符合基本面选股的要求。

图2-15 越剑智能月线图

科目\年度	2023	2022	2021	2020	2019	2018
成长能力指标						
净利润(元)	4843.55万	4.50亿	3.24亿	1.24亿	1.73亿	1.67亿
净利润同比增长率	-89.24%	38.95%	162.20%	-28.47%	3.64%	52.87%
扣非净利润(元)	4272.68万	1.75亿	2.05亿	9081.36万	1.50亿	1.55亿
扣非净利润同比增长率	-75.53%	-14.95%	126.08%	-39.53%	-3.27%	2.82%
营业总收入(元)	7.10亿	12.64亿	15.50亿	7.39亿	10.18亿	9.86亿
营业总收入同比增长率	-43.82%	-18.43%	109.82%	-27.40%	3.26%	7.25%
每股指标						
基本每股收益(元)	0.2600	2.4400	2.4500	1.0200	1.7400	1.6800
每股净资产(元)	13.42	19.31	16.93	14.72	10.43	8.37
每股资本公积金(元)	6.65	9.77	9.76	9.71	5.25	5.19
每股未分配利润(元)	5.37	7.94	5.33	3.50	3.55	1.98
每股经营现金流(元)	0.82	-0.13	2.50	0.90	1.96	0.30
盈利能力指标						
销售净利率	6.83%	35.60%	20.90%	16.72%	16.97%	16.91%
销售毛利率	15.41%	20.88%	21.25%	24.23%	25.80%	26.41%
净资产收益率	1.92%	18.96%	15.59%	7.62%	18.48%	22.36%
净资产收益率-摊薄	1.95%	17.66%	14.50%	6.36%	16.73%	20.11%

图2-16 越剑智能财务分析

图2-17　越剑智能最新动态

通过上面的分析，对这只股票来说，就完成了操盘的第二个步骤，即严格选股，此时就要及时进入下一个步骤了。

注意事项：

（1）选股是云梯战法实战操盘的第二大步骤，内容主要包括技术面选股和基本面选股两个环节，虽然均不涉及交易，但却是操盘的重要内容，因为涉及其后的第三个步骤，且是为第三个步骤服务的，因此，投资者必须严格按照具体的要求去选股。

（2）在选股环节，投资者并不只是简单地选股，而是要在选出目标股后，对于那些符合要求的优选品种，一定要专门列出来，在下一个环节中去进行持续重点观察。因此，选股环节虽不涉及交易，但其内容并不简单，投资者在选股环节一定要把各项工作做细。

2.4.3　确认买股时机

在根据云梯战法实战期间，当完成了选股的第二个步骤后，就要进入第三个步骤——确认买股时机了。在这一个步骤中，主要包括四个小环节：一是日线强势判断与分析，二是分时图股价强弱判断，三是通过盘口分析股价的短时强势，四是综合以上三点内容，当完全符合强势条件时，确认买股时机，果断买入股票。在这四个小的环节中，前三个环节都是观察与分析的内容，是无法具体操作的，所以，考验的是投资者对云梯战法买股技术的学习成果，从操盘的角度来看，前面三个环节才是能够真正体现一个投资者水平高低的环节，因为此期间所有的观察与判断结果，都会成为形成第四个环节确认买股时机的结论，只有这一结论成立了，才会导致由思想到行为的重大转变——从观察与判断上升到交易。因此，在云梯战法操盘的第三个步骤中，确认买股时机只是一个结果，而前面日线强势判断与分析、分时图股价强弱判断、通过盘口分析股价的短时强势这三个观察与判断的小环节，才是这一个步骤中的重中之重，投资者在确认买股时机的步骤中，一定要重视这三个环节。

实战案例：

如图2-18越剑智能（603095）日线图所示，在对这只股票完成了选股步骤后，在判断买股时机时，第一个环节就是对日线图的判断与分析，可发现，股价在小幅回升中进入A区域后，先是出现了一根光头涨停阳线，接着出现了高开放量上涨的量价齐升，是符合云梯战法的强势买股要求的，这时即可对分时图进行分析了。

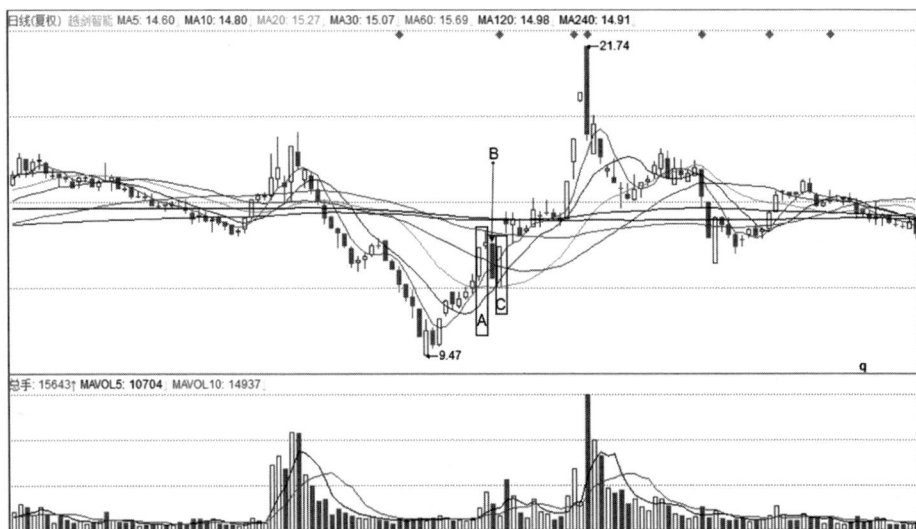

图2-18　越剑智能日线图

如图 2-19 越剑智能（603095）2024 年 2 月 27 日分时图所示，在开盘后的 A 区域，股价线小幅高开后出现了放量直线大角度上行，符合分时图量价齐升的强势要求，即应进入第三个小环节即对盘口的判断了。而通过再次观察图 2-18 发现，其日换手率出现了明显的放大，且主力资金一直以净流入为主，表明盘口的强势。

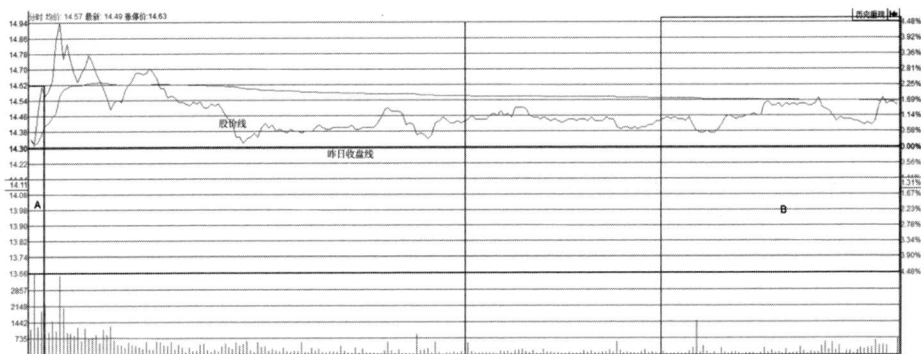

图2-19　越剑智能2024年2月27日分时图

综合以上三点，可以得出结论，越剑智能在图 2-18 中的 A 区域内右侧 K 线当日表现为日线图、分时图和盘口信息的同时强势，因此，可在当日尾盘即图 2-19 中 B 区域内及时买入这只股票。这样就完成了操盘中的前三个步骤，就要及时进入第四个步骤了。

注意事项：

（1）确认买股时机只是云梯战法操盘中第三个步骤的一个结果，其中还包括三个重要的隐性环节：日线强势判断与分析，分时图股价强弱判断，通过盘口分析股价的短时强势。这三项内容才是引导投资者做出确认买股时机的重要内容，实战时一定要注意。

（2）在确认买股时机的前三个小环节中，虽然都是观察与分析的内容，但考验的是投资者对云梯战法技术学习的好坏程度，同时，还考验了投资者的耐心，因这种观察分析与判断，并非目标股在几个交易日内即会如期出现符合要求的形态的，时间上具有不确定性，但投资者却要在每一个交易日内均处于观察与判断中，所以是不能放松的，也不能急躁。因此，投资者在这一个步骤中，其实修炼的是自己沉着与冷静的内心。

2.4.4 持股的分析与判断

当投资者完成了买入股票的第三个步骤后，接下来就进入了操盘的第四个步骤——持股的分析与判断。在这一步骤中，投资者基本上是无须操作的，只是根据股价在盘中出现的波动大小与幅度，以及强弱力度的程度进行分析与判断，判断股价这种短期的波动是不是主力在洗盘，如果是主力在洗盘，则股价在波动过后，会再次恢复强势上涨，否则就是主力在出货了。因此，投资者在持股的分析与判断环节中，主要是分析主力资金的行为，而主力洗盘的行为一般有两类：一类是强势洗盘，这类洗盘，往往股价表现为短期大幅地涨跌，但只要涨跌不破短线的强势线，且资金流出不十分明显，投资者可安心持股，但若是洗盘汹涌，短期涨幅又高，投资者难以判断出主力是否在洗盘时，可卖出股票；另一类是弱势洗盘，也就是股价在短期的涨跌波动并不大，并未跌破一些重要位置，如短期强势线5日均线，或是前时上涨的低点或明显上涨的高点等，这时投资者即可安心持股。因此，在操盘的第四个步骤即持股的分析与判断中，主要的工作就是根据买入股票后股价出现的波动确认是否主力在洗盘，只要确认为主力的洗盘行为，即可安心持股，否则就应中止持股。因此，在这一步骤考验投资者的，依然是内心的定力。

实战案例：

如图2-18所示，在A区域买入后的B区域和C区域，股价即出现了大幅波动，即如图2-20越剑智能（603095）2024年2月28日分时图所示，当日股价在A区域昨日收盘价处平淡开盘后，先是出现横盘震荡，其后又出现下跌后的再震荡，而到尾盘的B区域时，股价竟出现了跌停，此时再回到图2-18日线图会发现，B 区域当日并未放量，而是出现了大幅缩量，因此应保持持股再观察。

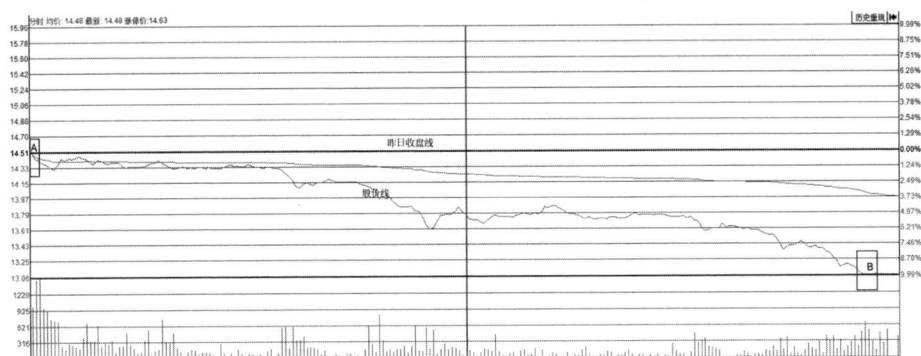

图2-20　越剑智能2024年2月28日分时图

在下一个交易日，即图 2-18 中的 C 区域，在图 2-21 越剑智能 2024 年 2 月 29 日的分时图上，可以明显看到，尽管当日股价线是在 A 区域的昨日收盘线下方小幅低开，但开盘后即出现了直线的放量大角度上行的涨停波，且短短数分钟即出现了涨停，并一直维持到了当日收盘。

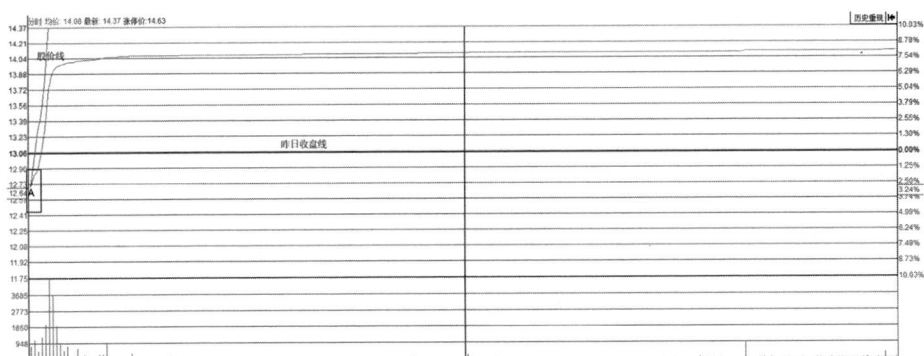

图2-21　越剑智能2024年2月29日分时图

综合 2024 年 2 月 28 日与 29 日两个交易日的情况，越剑智能在图 2-18 中 B 区域和 C 区域的行为，为主力强势洗盘行为，因此应保持持股不动。这时，就要持续进行第四个步骤的分析与观察，以及随时分析确认是否进入了第五个步骤对卖股时机的确认了。

注意事项：

（1）持股的分析与判断，主要是当买入的股票出现短期波动时，对股价强势与否的分析和判断，而判断的依据主要是从主力资金的角度来分析，同时，要结合量价的表现及盘口信息来综合判断，只有当确认是主力洗盘造成的股价短期波动时，才可安心持股。

（2）在持股分析与判断的第四个操盘步骤中，投资者是无须操作的，只要分析与判断股价短期的趋势强弱即可，但要想做好这一步骤，必须事先了解操盘的第五个步骤的内容，因为只有买入的股票未形成卖股时机的形态时，方可继续持股，否则就应卖出股票。

2.4.5　确认卖股时机

确认卖股时机是云梯战法操盘的第五个步骤，也是最后一个步骤，这一步骤是操盘中最为重要的，因为懂得在什么情况下及时落袋为安，才能及时锁定住收益。而在确认卖股时机时，又分几个重要的环节：一是日线图上的短期弱势判断；二是分时图短期弱势判断；三是盘口信息的弱势判断。当买入的股票同时出现这三个方面的短期弱势表现时，就应及时中止继续持股，选股卖出股票了。然而，在确认卖股时机的这三个环节中，投资者却不可孤立地只是一个步骤一个步骤地去逐一判断与分析，而是要不时地通过日线图与分时的切换来分析和判断，同时，及时关注盘口信息是否形成了弱势的表现。这也就意味着，在卖出股票期间，投资者不可完全在日线图上形成了明显的短期弱势形态时，再去观察分时图和盘口的弱势来确认最佳的卖股时机。因为一旦日线图上的短期弱势明显了，往往可能已经错过了最佳的卖股时机，或许股价已经跌停了。因此，投资者应选择在日线图量价齐跌的初期，观察分时图的量价齐跌是否为短期局部的快速弱化，进行通过盘口信息表现出来的弱势，果断选择最佳的卖股时机，而不是一切的弱势都在日线图与分时图上尘埃落定了，再来决定卖出股票。这一点是第五个步骤确认卖股时机的关键，也是卖股期间的重中之重。

实战案例：

如图 2-22 越剑智能（603095）日线图叠加 2024 年 3 月 19 日分时图所示，在持续上涨中，当进入 A 区域时，股价出现了大幅高开后的快速回落，从对应的分时图上发现，B 区域股价线大幅高开后直线大角度放量下行，其后震荡回升到 C 区域后再次走弱跌破昨日收盘线后于 D 区域形成弱势震荡，期间换手率明显放大很快接近了 10%，且盘口主力以净流出为主，因此，应果断在当日 D 区域的弱势状态时及时卖出股票。如此一来，即完成了云梯战法对越剑智能这只股票的一轮完整操盘了。

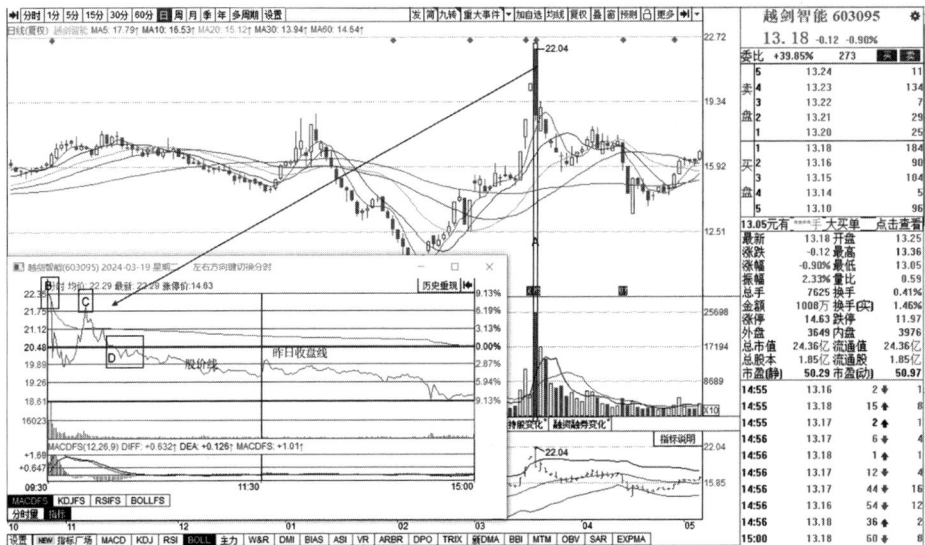

图2-22　越剑智能日线图叠加2024年3月19日分时图

注意事项：

（1）投资者在确认卖股时机的第五个步骤中，主要是确认三个方面的短期弱势：一是日线图上的量价齐跌，二是分时图上短期局部的明显弱势，三是盘口信息中高换手率与主力资金净流出较大。只有这三个方面同时呈现出弱势时，方是最佳的卖股时机。

（2）近年来，由于主力洗盘的力度极大，经常以天地板或地天板的方式强势洗盘，所以，只要是股价在短线上涨幅度较大的情况下，出现符合卖股要求的弱势时，哪怕过后确认是主力在洗盘，但只要当时未有效识别出是主力在洗盘而卖出了股票，也不可短期再买回来。

第 3 章

均线：
使用云梯战法的重要技术指标

均线，表示的是不同周期内的股价平均值的一种数值变化的走势。在云梯战法中，对股价的诸多观察，特别是在选股期间或是买股期间，对均线的辅助观察，事实上同样是对股价走势的一种综合考量，目的依然是能够更为准确地判断出当前股价是否具有短期强势的预期。因此，均线是云梯战法应用时的一个重要技术指标。

3.1 均线构成

3.1.1 短期均线

短期均线，主要是指日线图上，统计周期最短的两根均线，即5日均线和10日均线。5日均线，就是连接5个交易日的收盘价平均后的股价形成的线，也是距离K线最近的一条均线，通常在一轮明显的上涨行情或下跌行情中，5日均线离K线最近，其运行方向往往意味着股价短期的走向。10日均线，就是连接股价10个交易日中的收盘价平均后的价格形成的线，在K线图上往往是离K线次远的一条均线，即在明显的上涨行情或下跌行情中，往往是距离5日均线最近的一条均线。5日均线和10日均线，由于统计周期相对较短，所以其反映出的往往是股价短期的趋势波动与走向，因此属于短期均线。

实战案例：

如图3-1明星电力（600101）日线图所示，在K线图最上方的K线显示区域，在K线附近为两条短期均线——5日均线和10日均线，其中无论股价涨跌，5日均线基本上均为距离K线最近的一条短期均线，10日均线距K线的距离，在涨跌明显的行情中，仅次于5日均线距K线的距离。

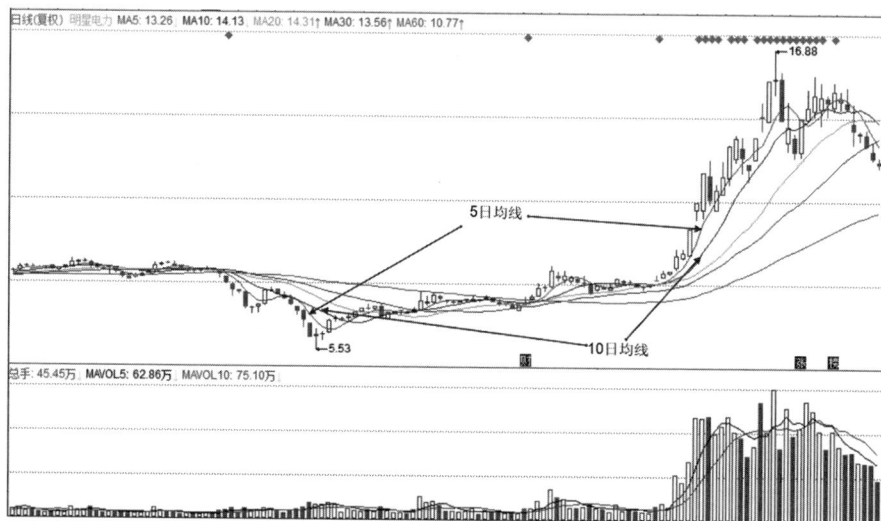

图3-1　明星电力日线图

注意事项：

（1）短期均线包括 5 日均线与 10 日均线，但在周线图上，短期均线为 5 周均线与 10 周均线，而月线图上则为 5 月均线和 10 月均线，也就是说，周期越长的 K 线图上，其短期均线的统计周期是随着其周期的改变而改变的。

（2）不同的炒股软件上，短期均线显示的颜色会略有不同，所以，投资者在识别短期均线时，不可过于依赖其颜色，而要通过将鼠标对准均线，即会显示出其均线周期来确认。

3.1.2 中期均线

在日线图上，中期均线包括三条均线，分别为 20 日均线、30 日均线和 60 日均线，其所对应的统计周期相对较长，因此，在一轮明显的上涨行情中，往往位于相对下方的三条均线为中期均线；而在一轮明显的下跌行情中，位于最上方的三条均线为中期均线。因中期均线统计的周期相对较长，所以，其运行方向往往代表着股价中期的趋势走向。因此，中期均线往往是用来研判股价的中期趋势的，尤其是 20 日均线的方向，往往是投资者较为注重的，一旦 20 日均线转为向下，或是股价跌破了 20 日均线，往往意味着中期趋势的走弱，是短线投资者远离股市的信号。因此，中期均线在研判趋势时起着较为重要的作用。

实战案例：

如图 3-2 上汽集团（600104）日线图所示，在 K 线图最上方的区域，在明显的涨跌行情中，距离 10 日均线相对远的三条均线，分别为 20 日均线、30 日均线和 60 日均线，为中期均线，代表的是股价中期的趋势走向。

注意事项：

（1）日线图上的中期均线包括 20 日均线、30 日均线和 60 日均线，与短期均线一样，在其他周期上，中期均线也是随着不同的 K 线图周期的改变而改变的，如月线图上的中期均线为 60 月均线，但事实上，在月线上属于中期均线，但放到日线或周线图上时，已经属于长期均线了。

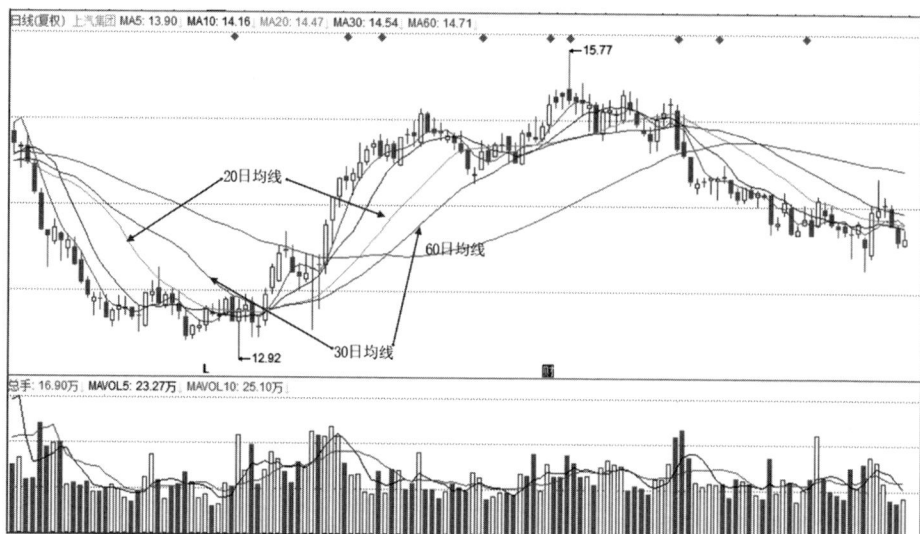

图3-2　上汽集团日线图

（2）作为趋势交易者而言，中期均线在实战中是较为重要的，如中短期投资者往往看重的是20日均线的走向，而对于中长线波段交易者，则更为注重60日均线与股价的关系，60日均线对于中长线投资者来说，可以说是趋势的一个分水岭，在其上则为强势，否则为弱势。

3.1.3　长期均线

长期均线，为120日均线和240日均线，120日均线又被称为半年线，240日均线被称为年线，可见其统计周期之长，基本上是以半年的交易日和一年内的所有交易日为一个统计单位来计量的，因此，长期均线代表的则是一种股价或指数的趋势走向，是中长线投资者所倚重的两条均线。但短线投资者同样不可忽略长期均线，因强势状态中的长期均线状态，或是K线与长期均线的位置，同样能说明其短期强势是否具有持续性。因此，长期均线对于短线投资者来说同样也是重要的。只是投资者在观察时，K线图上是不会自动显示长期均线的，需要手动设置方可显示出来。

实战案例：

如图3-3诺德股份（600110）日线图所示，经过均线的增加后发现，在K线图的最上方，那两条远离 K 线的均线为 120 日均线和 240 日均线，属于长期均线，而这只股票的情况是股价长期在长期均线下方运行，一直属于空头弱势趋势行情。

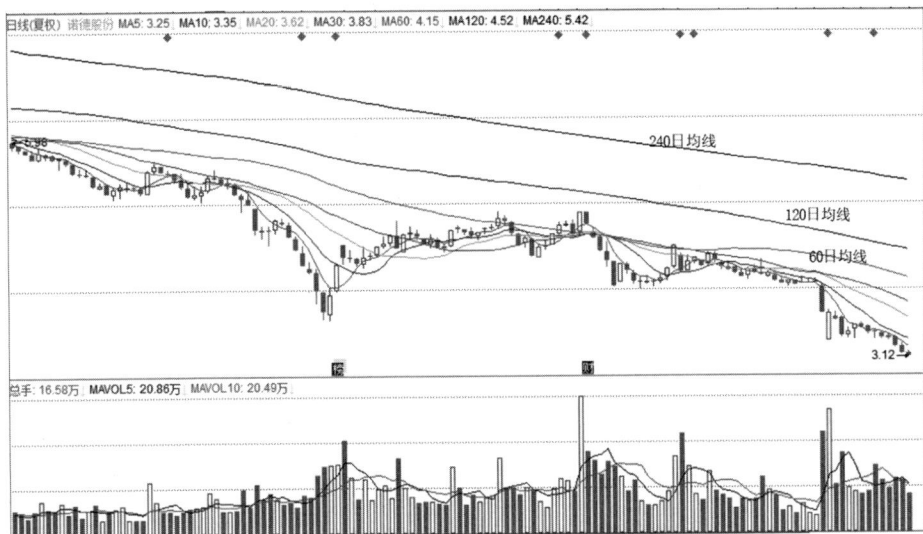

图3-3　诺德股份日线图

注意事项：

（1）很多短线投资者大多会忽略对长期均线的观察，其实这是不正确的，因对长期均线的观察，更注重的是对指数或股价的趋势判断，同样，不同的趋势转变前，比如弱势中，可以通过长期均线的状态与 K 线的状态来判断其支撑与压力。

（2）在云梯战法中，对于长期均线的观察，往往在选股期间会用到，因此，投资者必须学会如何通过设置设定并显示出长期均线的方法，学会如何通过长期均线的状态来判断趋势的演变，这样才更有利于分析行情与趋势的演变。

3.2　均线的显示与数量增减

3.2.1　均线的显示方法与数量

在炒股软件中，均线显示在 K 线图最上方部分的 K 线周围，辨认时是很容易的，只要是 K 线周围的线，就是不同周期的均线。但在炒股软件中，绝大多数都是自动显示 5 条均线，如日线图上，显示为 5 日均线、10 日均线、20 日均线、30 日均线和 60 日均线，即只有中短期的几条均线。因此，在常态下，仅仅通过这 5 条均线，基本上即可确认一只股票或是指数的趋势及变化，比如在通过均线判断趋势时，依靠这 5 条中短期均线即可得出所要判断的结果。所以，在绝大多数的炒股件中，均是自动显示这 5 条中短期均线的。投资者在使用均线系统时，一定要记住这一点，在查看均线的统计周期时，只要是将鼠标对准其中一条线，即可得到其统计的具体周期。所以，均线使用起来还是很方便的。

实战案例：

如图 3-4 国金证券（600109）周线图所示，在 K 线图最上方的区域，打开后自动显示出 5 条均线，分别是 5 日均线、10 日均线、20 日均线、30 日均线、60 日均线，即炒股软件中只自动显示 2 条短期均线和 3 条中期均线，且均在距 K 线不远的地方。如将鼠标对准其中的 1 条均线，即可显示出该条均线的周期。

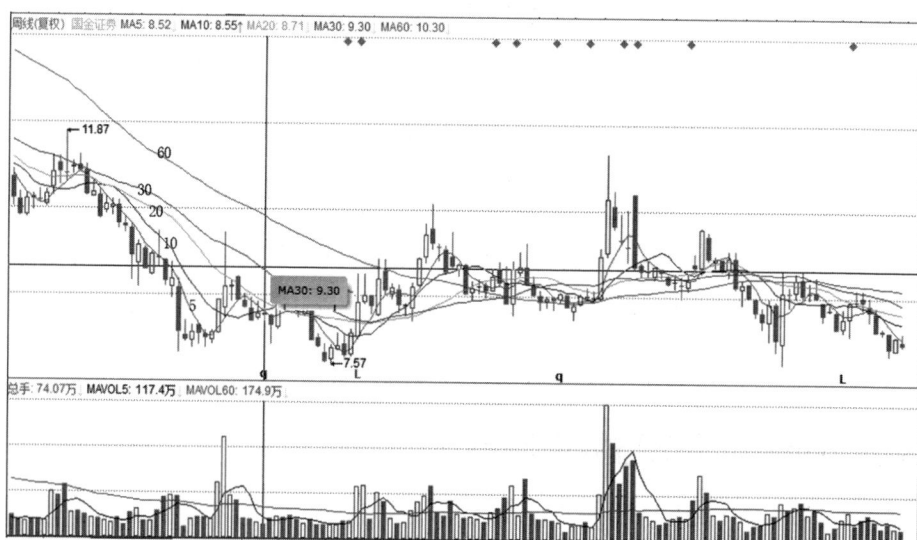

图3-4 国金证券周线图

注意事项：

（1）投资者在学习均线系统期间，一定要明白系统所自动显示的 5 条均线为中短期均线，并且在几乎所有的周期图上，若是投资者未对系统进行参数调整，均会自动显示 5 条均线，即日线图或月线图或 30 分钟图上，均只显示 5 条中短期均线。

（2）若是投资者想使用长期均线或其他周期的均线时，必须手动设置，根据自身需要增加或减少均线显示数量，这样才能在 K 线图上显示出所需的均线。

3.2.2　增减均线数量和修改均线周期的方法

投资者在了解了均线的显示方式和数量后，就要学会如何增减均线数量的方法了，因在均线使用中这种方法是必要的，许多炒股技术往往依赖均线系统，甚至有的炒股技术是根据不同周期的均线设定所制定出来的，如 521 战法或 135 战法等。因此，一定要学会如何增减均线数量的方法。具体方法是：打开一幅 K 线图，在空白处右击，找到更改均线参数（c），单击，在显示的另一对话框中，找到均线统计中的周期及显示的相关数量，再根据自身需要进行更改与设置，并在显示数量上做出对应的修改，确定后，这一周期图上的所有均线显示，即会自动变成更改后的显示结果。

实战案例：

步骤 1：打开一只股票的日线图，如图 3-5 金徽酒（603919）日线图 1 所示，将鼠标对准其中任意一处空白位置，右击，页面上会自动跳出一个较长的对话框，将鼠标移动到对话框内，向下滑动到"更改均线参数（c）"。

步骤 2：这时再将鼠标对准变蓝的"更改均线参数（c）"这一行字，右击，页面上即会再次跳出一个小对话框，如图 3-6 所示。

步骤 3：这时通过观察可发现，系统只默认显示了 5 条均线的数据，所以，若要减少均线数量，只需要删除掉没用的数据即可。在此，我们以增加 120 日均线和 240 日均线为例，此时要选择在 60 日均线下方空白处分别填写上 120 和 240，然后将下方显示均线条数的数字改为 "7"，如图 3-7 所示。

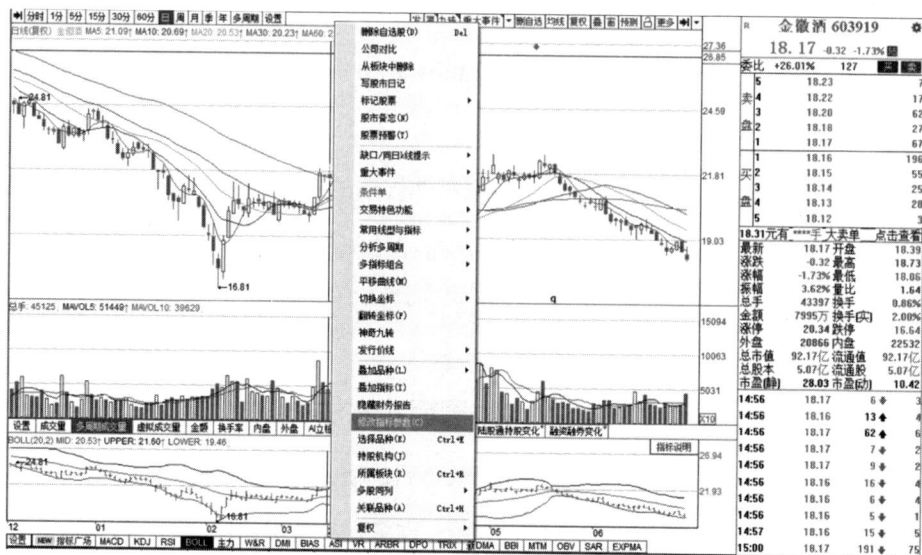

图3-5 金徽酒日线图1

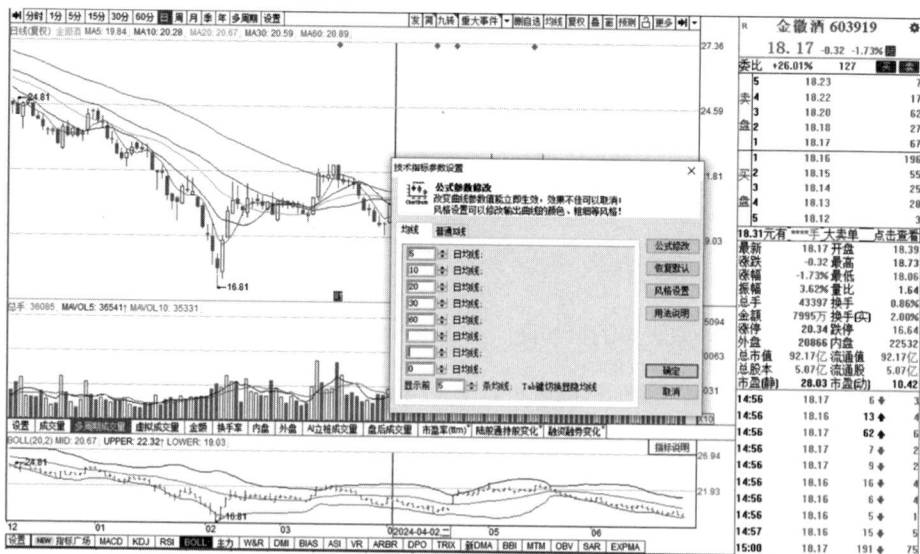

图3-6 金徽酒日线图2

图3-7　金徽酒日线图3

步骤 4：此时，再对所要增加的均线周期数值校对一遍，然后用鼠标单击小对话框内右下角处的"确定"，这时再弹出来的日线图上，即会如期显示出添加的 120 日均线和 240 日均线了，如图 3-8 所示。

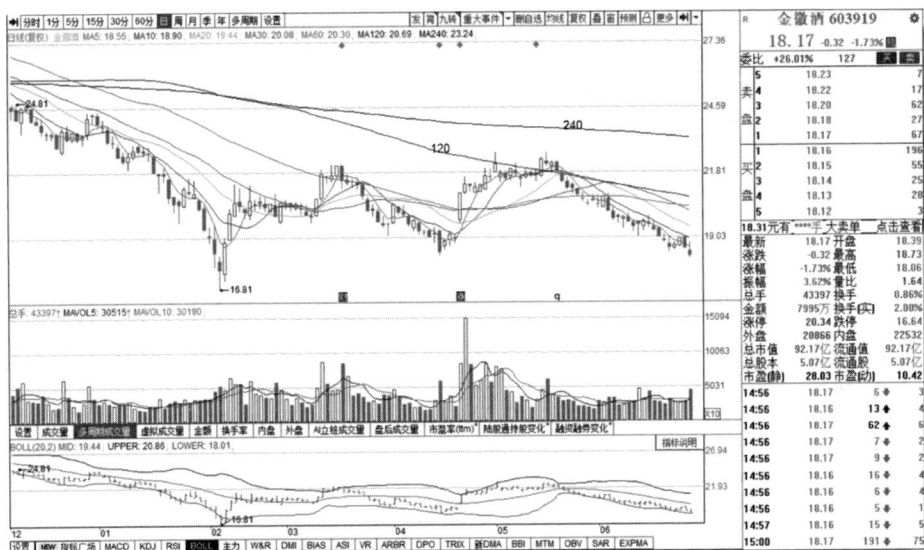

图3-8　金徽酒日线图4

注意事项：

（1）投资者在选择增减均线数量及修改周期时，首先必须确定所要修改的 K 线图周期，因只要在一张周期图上对均线参数进行了修改，则炒股软件中所有同周期的 K 线图上的均线均会变为修改后的状态。

（2）投资者在对均线参数及数量进行修改后，一定要记着将所显示的均线数量也进行对应的修改，这样才能显示出修改后的所有均线，否则在增加均线数量后，系统中依然只显示前 5 条均线，新增加的半年线或年线是不会显示出来的。

3.3　均线排列方式与趋势的关系

3.3.1　多头排列与上涨趋势

多头排列是一种均线强势的表现，是指在日线图上，5 日均线、10 日均线、20 日均线、30 日均线、60 日均线这 5 条均线由上向下依次排列时，均线的线头出现了向上发散运行的状态。这种均线多头排列的状态一出现，就意味着股价进入了持续强势的上涨趋势，因此，均线多头排列即代表着股价的上涨趋势，这也是在利用均线判断股价或指数上涨趋势时的一种具体方法。因此，在趋势交易的常态中，一旦从均线多头排列的判断中确认了股价的上涨趋势后，是可以积极参与其行情的，所以，均线多头排列格局是市场人士用来判断趋势时的常用方法。

实战案例：

如图 3-9 巨化股份（600160）日线图所示，在整个 A 区域内，从最左侧开始形成了 5 日均线、10 日均线、20 日均线、30 日均线、60 日均线这 5 条均线由上向下依次顺序排列，出现了均线的线头明显向上发散运行的状态，这是均线多头排列格局，说明股价进入了上涨趋势，投资者可积极参与盘中行情。

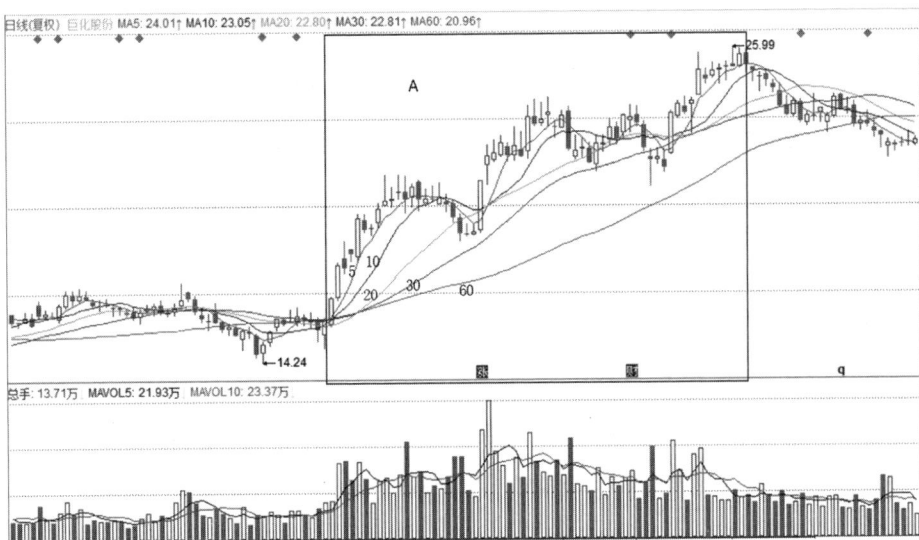

图3-9 巨化股份日线图

注意事项：

（1）在使用均线多头排列判断趋势时，投资者通常使用的是日线图，并且只使用5条中短期均线即可，同样的方法，在其他周期上同样适用，如周线图，只不过是判断出的趋势长短有一定的差别而已。

（2）投资者在利用均线多头排列判断上涨趋势时，必须确保5条均线均向上发散，但很多时候，仅仅只有4条均线向上发散，另一条均线平行或略下行，这时判断其强势与否分歧很大，必须结合更长周期图来确认行情，而不能仅仅通过一个类均线多头的排列格局来确认强势与否。

3.3.2 空头排列与下跌趋势

空头排列是一种均线弱势的表现，是指在日线图上，5日均线、10日均线、20日均线、30日均线、60日均线这5条均线由下向上依次排列时，均线的线头出现了向下发散运行的状态。这种均线空头排列的格局与多头排列是相反的，一经出现，往往意味着股价进入了持续弱势的下跌趋势，因此，均线空头排列即代表着股价的下跌趋势，这也是在用均线判断股价或指数下跌趋势时的一种具体方法。

因此，在趋势交易的常态中，一旦从均线空头排列的判断中确认了股价的下跌趋势，其后是不可以轻易参与行情的，因弱势中的股价是很难在短期内恢复强势的，尤其是在下跌趋势初期，即便股价下跌幅度较大，盘中一旦出现转强，也多为反弹走势，持续的时间极短，所以在空头排列的下跌趋势中，投资者均应时刻保持警惕。

实战案例：

如图 3-10 福田汽车（600166）日线图所示，在整个 A 区域内，从左侧开始形成了 5 日均线、10 日均线、20 日均线、30 日均线、60 日均线这 5 条均线由下向上依次按顺序排列，均线的线头明显向下发散运行的状态，这是均线空头排列格局，说明股价已进入了下跌趋势，期间投资者轻易不要参与这只股票。

图3-10　福田汽车日线图

注意事项：

（1）均线空头排列是与多头排列完全相反的一种形态，所以，在判断时是相对简单的，但与判断多头排列不同的是，若是在空头排列中有一根线呈现平行或向上运行时，同样是弱势的表现，应以下跌趋势来对待。

（2）投资者在卖出股票时，不可在下跌趋势完全形成时，再来选择卖出股票，因当下跌趋势明显成立时，往往股价已经跌去了大半，所以，空头排列只是下跌趋势的一种表现，是用来研判断趋势的，却不是来确认卖点的。

3.3.3　缠绕排列与横盘趋势

缠绕排列是均线的一种特殊表现形态，是指在 K 线图上，所有的均线都处在一个相近的水平，并形成了反复小幅震荡缠绕的状态，这种形态一经出现，意味着股价进入了一种盘整的状态，因各均线相距较近，所以，往往股价的涨跌幅度也不会很大，K 线往往会呈现出在某一价格区间内、上下震荡波动的幅度或大或小的震荡走势，因此，这种均线缠绕排列又叫横盘趋势或盘整趋势，属于一种股价震荡整理的行情。根据股价上下震荡的幅度大小，均线缠绕排列的横盘趋势又可分为两种情况：一种是震荡幅度相对较大的箱体震荡，另一种是震荡幅度较小的或不明显的一字横盘的窄幅震荡。这两种形态均属于横盘趋势，只不过是股价震荡盘整的幅度大小略有不同而已。

实战案例：

如图 3-11 太原重工（600169）日线图所示，在进入 A 区域后，5 日均线、10 日均线、20 日均线、30 日均线、60 日均线这 5 条均线均聚拢在一个相近的位置，呈反复缠绕运行的状态，形成了均线缠绕形态，说明股价进入了横盘震荡整理的趋势，期间因趋势不够明朗，投资者应保持观望。

注意事项：

（1）缠绕排列是均线整理时的一种特殊形态，在用其判断趋势时，要求所有的均线都处于相距较近的反复缠绕状态，但在判断行情时，并不一定会出现所有均线的缠绕，不同的是，缠绕排列的均线数量越少，往往意味着盘整的周期时间或许越短。

（2）在云梯战法中，均线缠绕排列的状态是选股时期一种重要的技术形态，因在这种形态下极易产生后市中的大牛股，但在选股时技术形态只是一个方面，必须在完全符合选股要求时方可将股票列为目标股。因此，投资者在学习均线期间，一定要彻底搞明白均线的三种排列方式及其特点，这样更有利于日后的利用。

图3-11 太原重工日线图

3.4 均线在云梯战法中的具体应用

3.4.1 选股时重要的技术形态

投资者在根据云梯战法选股期间，均线往往是较为重要的一个指标，其重要的地方在于，在云梯战法的技术选股期间，在判断股价当前的位置时，应参考一定的均线，如半年线或年线，即通过长期均线等来确认股价的支撑力度，进而确认当前股价的弱势程度，确认其是否调整到了底部区域的低位区等；或是在判断股价弱势整理时，往往需要通过均线缠绕排列的状态来确认，还需观察股价在这一区域整理的时间与状态等。因此，均线在云梯战法中占据着十分重要的地位，虽然在具体应用中或许只是一种参考，但却是不可缺少的。因此，投资者在学习均线系统期间，一定要认真全面地了解均线的各种形态及作用，这样才能在其后的应用中运用自如，从而在日后的实战中判断好具体的行情。

实战案例：

如图 3-12 上海贝岭（600171）月线图所示，B 区域为股价在经过明显上涨后于高位区形成的经 A 段大幅调整后的低位区，且出现了均线缠绕状态的横盘趋势，为宽幅震荡整理的箱体震荡整理状态，这种技术形态为符合云梯战法技术选股要求的形态。这就是均线在选股时的具体应用。

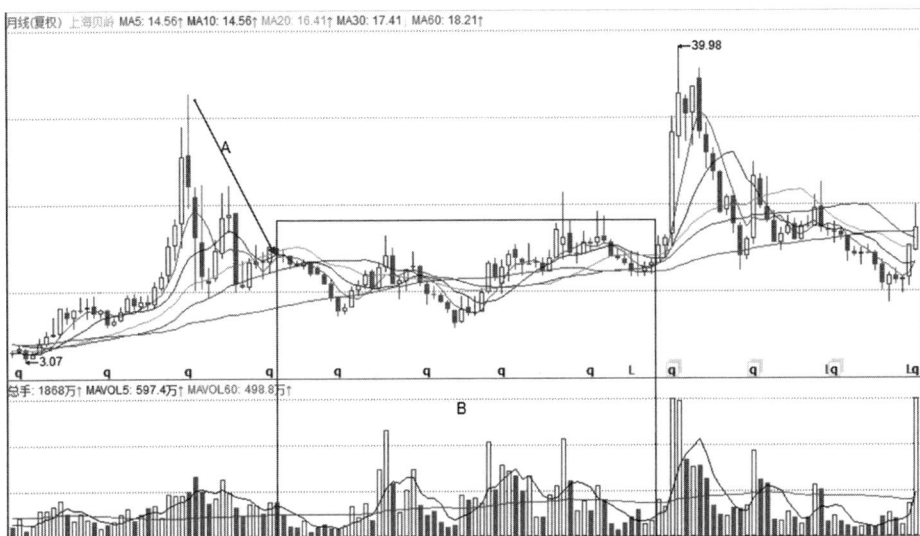

图3-12　上海贝岭月线图

注意事项：

（1）在云梯战法的选股阶段，均线的应用是最为广泛的，虽然这种应用只是一种对行情的分析与判断，并未涉及交易，但是却能够通过当前的均线形态及 K 线的表现，综合确定出股价在当前阶段是否具有未来转强的可能，从而为今后的实战提前做准备。

（2）投资者在利用均线选股期间，仅仅是一种均线的技术形态判断，但这并非选股的全部，仅仅是一种技术面的研判，必须在满足基本面的要求后，方可将某只股票列为目标股，投资者在学习均线期间，一定要明白这一道理，以免其后过于倚重均线，从而忽略其他因素。

3.4.2 买股时对趋势强弱的参考判断

投资者在根据云梯战法进行实战买股期间，均线系统同样是十分重要的，因可以通过均线所表现出来的形态，以及短期均线的状态来确认股价短期的强弱程度，虽然这种判断并不是唯一的，但却是买股期间判断股价短期强势与否较为重要的一个方面。因此，投资者在学习均线系统知识期间，一定要多对各均线在日线图上的表现，尤其是对于短期处于强势状态时的短期均线的强势状态进行全面的了解，这样才能在运用云梯战法实战买股时，准确在第一时间通过均线形态确认股价短期的强弱，从而做出买卖股票的正确决定。

实战案例：

如图 3-13 上海贝岭（600171）日线图所示，同样是上一篇文章中介绍过这只股票，在经过 B 区域的选股后，在其后的观察中发现，当股价进入 A 区域后，形成揭竿而起式的上涨，且在 A 区域中明显形成均线多头排列的初期形态，说明趋势已由弱势转强，这就是买股时均线对趋势强弱的参考判断。

图3-13　上海贝岭日线图

注意事项：

（1）在根据云梯战法实战买股期间，在对股价短期强势进行判断时，主要是依靠 5 日均线的具体表现，如 5 日均线向上运行时的角度是否大，或是在 5 线向上发散的多头排列初期，5 日均线是否起着明显的引领状态。

（2）投资者在云梯战法实战期间，虽然均线系统是买股时对股价短期趋势强弱判断的重要参考，但却不是唯一的标准，必须同时结合当时的量价形态，以及盘口的强弱程度，方可最终做出买入股票的决定，而不可仅仅通过均线的形态来确认买点。

第4章

量价：
云梯战法交易时的重要参考

量价是成交量与股价的简称。量价各自的形态所组合而成的量价形态是备受各类炒股技术重视的内容，因为量价形态的突变，往往是短期趋势发生重大改变的关口。如明显持续放量上涨，往往是股价短期转强的征兆，而明显放量下跌，则往往是股价快速转弱的征兆。因此，对量价的学习，其实就是在深入学习买卖点形态的知识。

4.1 量：股价上涨的真正动力

4.1.1 阴量与阳量

阴量与阳量是成交量显示的两种形式，是指在 K 线图下方的成交量显示区域内，那些竖立的或长或短、颜色或绿或红的柱子。其中，红色的竖立的柱子为阳量，代表着在这一周期内，市场资金买入股票的意愿高于卖出股票的意愿；绿色的竖立的柱子为阴量，代表着在这一周期内，市场资金卖出股票的意愿高于买入股票的意愿。当成交量始终保持在一定水平时，往往意味着行情的稳定，因此，通过成交量判断股价波动，往往有变化的成交量，甚至是变化明显的成交量的出现，才能真正持续影响到股价的行情。

实战案例：

如图 4-1 黄河旋风（600172）日线图所示，在 K 线图下方的成交量显示区域，那些如 A 区域一样的红色的柱子为阳量柱，代表着成交资金是以买入为主的日成交量，而那些如 B 区域一样的绿色的柱子为阴量柱，代表着成交资金是以卖出为主的日成交量。这就是阴量与阳量的基本区别。

图4-1 黄河旋风日线图

注意事项：

（1）阴量与阳量是成交量的两种基本表现形态，在判断是阳量还是阴量时，通过成交量柱的颜色即可分辨，红色的为阳量，绿色的为阴量。

（2）孤立的单一量柱，在绝大多数情况下是没有什么意义的，必须经过对比，当量能发生明显变化时，才会影响到行情。

（3）在炒股软件上，成交量的数量显示，均默认为以手数为单位，即 100 股为 1 手，如果投资者需要观察具体的数额，则需要改变其显示方式。

4.1.2　放量与缩量

放量是指成交量明显高于之前的量柱水平，缩量则是指成交量明显低于之前的量柱水平。因此，投资者在判断放量与缩量时，必须要与之前的量能水平比较，也就是必须要有与参照物的对照，否则是无法确认放量或缩量的。但是，在判断量能对行情的真正影响时，往往明显的放量会短时造成股价的大幅波动，甚至趋势的转变。而明显的缩量，常态下往往是难以继续维持之前明显的涨跌趋势的表现的，但在特殊情况下，如上涨趋势中的阳量缩量，往往是主力筹码集中的表现，后市涨势可期；而阴量大幅缩量，往往是股价盘中快速跌停引发的，是短期弱势的表现。而放量方面，往往阳量明显放量，是股价强势持续的表现；阴量明显放量，往往是股价短期快速变弱的征兆。因此，投资者在观察股价趋势时，应结合成交量的变化来确认趋势的细微变化。

实战案例：

如图 4-2 卧龙地产（600173）日线图所示，在 A 区域，表现为阴量柱的持续变长，为阴量持续放量，所以股价呈持续下跌走势；在 B 区域，表现为阳量柱的持续变长，为阳量持续放量，所以股价持续上涨；在 C 区域，阴量柱突然大幅放量，股价快速下跌；在 D 区域，阴量持续变短，为持续缩量，所以股价持续下跌；在 E 区域，成交量变为阳量状态的持续变短，为持续缩量，股价反而持续上涨，为量价背离式上涨。

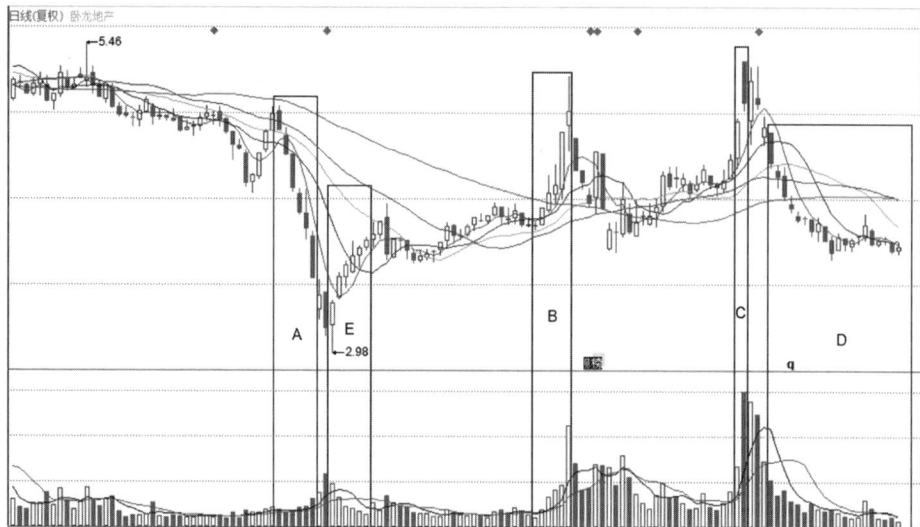

图4-2 卧龙地产日线图

注意事项：

（1）放量通常是在大量状态或明显放量状态时才具有实战意义，如趋势快速转强期间的阳量明显放量，趋势快速转弱时则是阴量明显放量，或是保持在大量状态的阴量小幅放量或小幅缩量。

（2）缩量出现是在股价上涨末端时往往要特别注意，尤其是出现在大幅上涨后，虽然阳量的明显缩量是主力筹码集中的表现，但市场参与资金的大幅减少，也不是好现象；而阴量的缩量，若是出现在上涨趋势调整行情期间，往往明显的缩量是调整即将结束的征兆。

4.1.3 长阴与中阴

长阴是指成交量为阴量状态时，其长度很长，一般在成交量显示区域内，阴量柱长度高于三分之二水平时，即可确认为长阴量；中阴是指成交量柱为阴量状态时，长度相对较长，一般在显示区域三分之一以上，向上未到达三分之二水平线时，即可确认为中阴量。然而在现实中，市场上对于长阴量或中阴量柱并没有一个严格的确认标准，只要是用肉眼观察到成交阴量柱出现且处于较长的状态时，即可确认为中长阴量，而无须去细分是长阴量还是中阴量，只要是确认成交量为较大的中长阴状态即可，因为这意味着市场上是以卖出股票为主的，所以中长阴量的出现，往往意味着股价短期趋势的快速变弱。

实战案例：

如图 4-3 中国巨石（600176）日线图所示，在 A 区域和 D 区域，出现了两根较长的阴量柱，高度均超过了三分之二的水平线 E，这两根阴量柱为长阴量柱；在 B 区域和 C 区域，出现了两根同样较长的阴量柱，但仅仅是超过了三分之一的水平线 F，并未达到三分之二的水平线 E，所以为中阴量柱。

图4-3　中国巨石日线图

注意事项：

（1）可以通过成交量显示区判断中阴量与长阴量，超过由下向上的三分之一水平线以上时，可确认为中阴量，超过三分之二水平线时为长阴量。但市场上对中阴与长阴并没有明确的区分标准，往往相对长的阴量为中阴量，十分长的阴量柱为长阴量，并且又可将较长的阴量柱统称为中长阴量。

（2）中阴量或长阴量的出现，往往意味着股价短期的快速变弱，常态下，越长的阴量柱，股价快速转弱的程度越严重。但在股价跌停状态下的中阴量柱甚至是小阴量柱，同样是极度弱势的表现。

4.1.4　长阳与中阳

长阳是指成交量为阳量状态时，其长度很长（一般在成交量显示区域内，阳量柱长度高于三分之二水平时，即可确认为长阳量）；中阳是指成交量柱为阳量状态时，长度相对较长（一般在显示区域三分之一以上，向上到达三分之二水平线时，即可确认为中阳量）。然而在现实中，市场上对于长阳量或中阳量柱并没有一个严格的确认标准，只要是用肉眼观察到成交阳量柱出现且处于较长的状态时，即可确认为中长阳量，而无须去细分是长阳量还是中阳量，只要是确认成交量为较大的中长阳状态即可，因这意味着市场上是以买入股票为主的，所以中长阳量的出现，往往意味着股价短期趋势的快速变强。

实战案例：

如图 4-4 雅戈尔（600177）日线图所示，在 A 区域的三根阳量柱，均超过了成交量区域的三分之二水平线 E，且右侧两根阳量柱几乎到达了顶部，所以这三根阳量柱为长阳量；B 区域出现的 5 根阳量柱，其高度仅仅是超过了三分之一水平线 F，并未到达三分之二水平线 E，因此为中阳量柱。

注意事项：

（1）长阳或中阳量柱出现时，往往相对较长的为中阳量柱，明显较长的为长阳量柱，但投资者可将其统一称为中长阳量柱，因市场并无一个准确的区分标准。

（2）中长阳量柱出现时，往往意味着股价短期的快速变强，尤其是明显放量状态的中长阳量柱，更是股价短期趋势变强的征兆，但若是长阳量柱过长，达到或十分接近于成交量显示区顶部时，则应小心，因天量阳量出现时，只有持续这种大量状态，才会形成趋势反转，否则短期极易回落转弱。

图4-4 雅戈尔日线图

4.1.5 小阴与小阳

小阴与小阳，是指成交量柱处于相对较短的状态，无论是表现为阳量柱还是阴量柱均可。在判断时，通常量柱的高度保持在成交量显示区内，由下向上未超过三分之一水平线时，即可确认为小阴小阳量水平，但这一方法并非是绝对的，因量能观察必须要有参照物，所以，只要量能水平与之前高量水平相较，近期的量柱水平保持在较短小状态时，即可确认为小阴小阳量。小阴小阳量柱的出现，往往意味着股价进入了一种盘整状态，所以是横盘趋势中最常见的一种成交量形态，但并不具有买卖股票的参考意义。因盘整代表的只是股价的整理，而整理过后，并不能明确表明趋势运行的方向。

实战案例：

如图 4-5 东安动力（600178）日线图所示，如 A 区域下方的成交量柱，均为较短小的阴量柱或阳量柱，且其水平与高点时 B 区域的量能相比，相差极远，因此可确认 A 区域的成交量柱为地量水平的小阴小阳量柱，为股价盘整时期的量能水平。

图4-5　东安动力日线图

注意事项：

（1）小阴与小阳是股价弱势整理期间经常出现的一种成交量处于较低水平的量能状态，投资者在根据成交量判断行情时，如选股时确认弱势整理状态时，应再结合之前高点时的量能水平，观察小阴小阳量期间的量能水平是否低于高点期间水平的20%，从而确认是否为地量状态。

（2）小阴小阳量是股价盘整时经常出现的一种成交量形态，但并不能表明盘整后的股价趋势一定就强或弱，所以，这种形态只适合在选股时期参考使用，不能用来做判断买卖股票时的依据。

4.2　价：K线波动的轨迹

4.2.1　阴线与阳线

阴线与阳线是 K 线的两种最直观的表现形式，阴线是指在 K 线显示区域内，那些颜色为绿色的或长或短的蜡烛线；阳线是指在 K 线显示区域内，那些颜色为红色的或长或短的蜡烛线。阴线出现时，意味着收盘价低于开盘价，因此，在通过阴线观察股价的波动时，阴线实体上沿处的价格即为开盘价，实体下沿处的价格即为收盘价。相反，阳线出现时，通常意味着收盘价高于开盘价，因此，在通过阳线观察股价的波动时，阳线实体上沿处的价格为收盘价，实体下沿处的价格为开盘价。投资者不仅可以通过阴线或阳线一眼看清股价的涨跌，还能够观察到一根 K 线在其统计周期内的开盘价与收盘价的多少，从而确认其波动的幅度大小，因为通常实体较长的阴线或阳线，往往意味着期间开盘价与收盘价之间的价差是较大的，而实体相对短小的阴线或阳线，期间股价的开盘价与收盘价的差距较小，波动也相对较小。

实战案例：

如图 4-6 安通控股（600179）日线图所示，A 区域的三根 K 线为红色的 K 线，为阳线，代表着股价的上涨；B 区域的四根 K 线为绿色的 K 线，为阴线，代表着股价的下跌。这就是 K 线图上阴线与阳线的具体显示。

图4-6　安通控股日线图

注意事项：

（1）阴线的出现，往往意味着股价在这一根 K 线的统计周期内是处于向下波动的状态，阴线实体越长，说明开盘价与收盘价的价格差较大，股价波动也较大；阴线实体较短，则意味着开盘价与收盘价的差距是较小的，意味着股价的波动也较小。

（2）阴线的出现，通常意味着股价的上涨，阳线实体越长，意味着盘中上涨的幅度相对大，实体越短，则意味着上涨的幅度也相对小，但这并不是绝对的，因高开涨停的阳线实体就较短，只是开盘价与收盘价之间的价差较小。

4.2.2　上升阳线与上升阴线

上升阳线是指当 K 线表现为红色的阳线时，其位置是高于之前的 K 线的，位于之前 K 线的右上方位置；上升阴线是指当阴线出现时，其位置是位于之前 K 线的右上方处，但 K 线呈现的却是绿色的阴线。投资者在判断上升阳线和上升阴线时，应通过阳线或阴线出现时，是否高于左侧 K 线的重心来判断，只要重心高于左侧 K 线的重心，即为上升阳线或上升阴线。上升阴线的出现，往往说明当日的 K 线是以高开形式出现的，只不过盘中出现了一定的回落，但并未跌破之前 K 线的重心，所以仍然是处于上升状态的。因此，在判断一根处于重心上升状态的阴线是否为上升阴线时，重心的观察虽然是重要的，但更为重要的是，阴线出现的当日，成交阴量不可过大，否则短期的弱势则是明显的。而这种上升阴线在实际行情中，往往是出现在跳空高开状态下，在进行强势判断时，往往是当不能跌破或完全回补这一向上跳空高开的缺口时为强势，否则多数为短期弱势的表现。因此，识别上升阳线很简单，而要真正识别出上升阴线，往往是相对困难的，不可仅以其位置或重心的高低做出判断，而是要综合判断。

实战案例：

如图 4-7 生益科技（600183）日线图所示，A 区域为两根持续向上的阳线，为上升阳线；B 区域和 C 区域的两根 K 线，虽然均为阴线，但是却出现在了上一根 K 线的右上方，重心呈上升状态，所以为上升阴线。

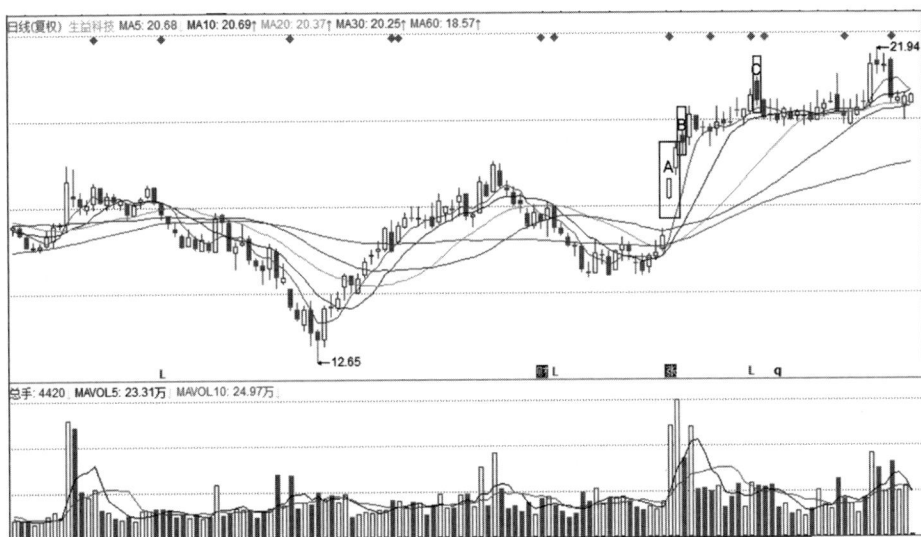

图4-7 生益科技日线图

注意事项：

（1）投资者在判断上升阳线时，只要确认阳线出现时其重心是在之前 K 线的右上方即可确认其为上升状态，但在确认是否为买点时，还必须结合成交量的情况来确认。

（2）在判断上升阴线时，不可仅仅像确认上升阳线时一样，仅通过表象上的位于之前 K 线的右上方处来确认，还必须结合成交量，即阴量不可过大，股价也不可跌停，否则即便其重心在之前 K 线的右上方，也并非上升阴线。

4.2.3 中长阴线与中长阳线

中长阴线，是指 K 线为绿色时，实体相对较长或极长。中长阴线的出现，往往意味着股价在统计周期内高开后低收的幅度相对大，所以若是量能也表现为较长的中长阴量时，往往是股价短期快速转弱时的征兆。

中长阳线，是指 K 线为红色时，实体相比较长或极长。中长阳线的出现，往往意味着股价在统计周期内低开后出现了大幅上涨，然后形成较大幅度的高收，所以，若是成交量表现为阳量明显放大，往往是股价短线快速转强的征兆。

实战案例：

如图 4-8 兖矿能源（600188）日线图所示，A 区域为两根实体极长的红色阳线，属于中长阳线，说明这两个交易日中，股价的日上涨幅度较大；B 区域的两根 K 线为绿色的实体较长的阴线，属于中长阴线，代表着股价的持续下跌，且说明盘中股价由高点下跌的幅度较大。

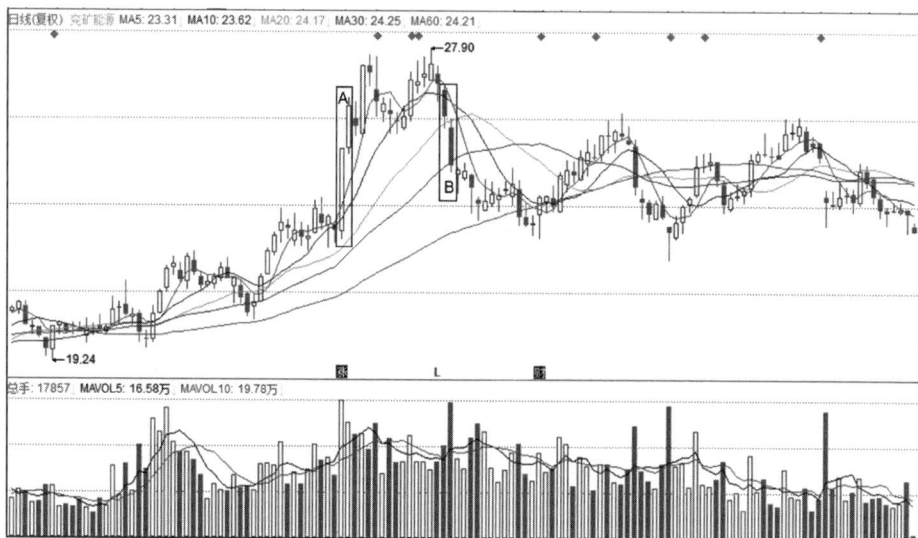

图4-8　兖矿能源日线图

注意事项：

（1）在判断中长阴线与中长阳线时，由于市场上并没有一个准确的标准，所以只要发现阴线实体较长，即可确认为中长阴线，阳线实体较长，即为中长阳线。

（2）投资者在实战期间，中长阴线与中长阳线的出现，往往有着较强的实战意义，但必须结合当时的量能大小来确认量价形态，从而确认是否为买卖时机到来时的量价形态。不可仅通过 K 线的形态就武断地做出交易的决定。

4.2.4　小阴线与小阳线

小阴线，是指当 K 线为绿色时，K 线的实体相对较小，且上下影线即使存在，也会较为短小。小阳线，是指当 K 线为红色时，K 线的实体相对较小，且上下影线即使存在,也较为短小。小阴线与小阳线的出现,说明股票开盘价与收盘价较为接近,且即便有影线也较短小,说明股价盘中上下波动的幅度也并不大,因此意味着股价的盘整与整理。所以,小阴线与小阳线的出现,往往意味着当前的股价进入了小幅度的震荡整理,但判断时,应结合成交量的水平来确认,因只有成交量也表现为小阴小阳量的低量水平时,才意味着盘整。

实战案例:

如图 4-9 泉阳泉(600189)日线图所示,在 A 区域、B 区域、C 区域和 D 区域内出现的 K 线,均为实体并不长的阴线或阳线,甚至是无实体或实体极短的十字星或类十字星,均可统一称为小阴小阳线形态,为股价盘整状态时的 K 线表现。

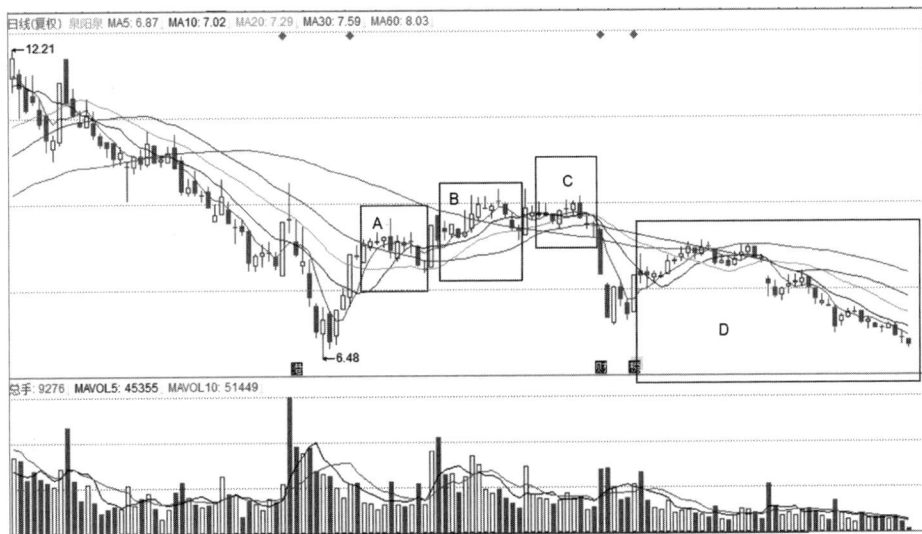

图4-9 泉阳泉日线图

注意事项:

(1)小阴线与小阳线在判断上极为简单,只要实体和影线均较短小即可确认,K 线为绿色时为小阴线,K 线为红色时为小阳线,但在判断行情时,往往单一的小阴线或小阳线的意义并不大,只能说明股价在盘中短时的盘整。

(2)小阴小阳线是一种 K 线形态的组合,经常出现在震荡盘整趋势中,因此是云梯战法中选股阶段的一种重要的技术形态。所以,投资者在学习 K 线期间,应充分了解这种 K 线组合形态。

4.2.5 上影线与下影线

上影线，就是出现在 K 线实体上方的竖线，下影线则是出现在 K 线实体下方的竖线，两者合称为影线。无论 K 线表现为阴线还是阳线，并不会影响到对影线的判断。上影线出现时，往往意味着盘中股价快速冲高后的快速回落状态，所以代表着股价的冲高回落，上影线越长，越能说明股价的这种短时的冲高回落程度越大；下影线出现时，往往意味着盘中股价的向下探底的回升状态，所以代表着股价的探底回升，下影线越长，说明股价短时下跌的幅度越大。因此，股价在低位区出现较长下影线时，往往可能是快速探底回升的征兆；而股价在高位区出现较长的上影线时，往往可能是快速冲高回落转跌的征兆。

实战案例：

如图 4-10 华资实业（600191）日线图所示，A 区域出现一根阴线，其实体上方长长的细线即为上影线，代表着股价开盘价在盘中的冲高回落的幅度较大；B 区域的阳线，其实体下方的细线为下影线，代表着股价开盘价与盘中探底之间的下跌幅度。这就是上影线与下影线的情况，以及其实际所代表的意义。

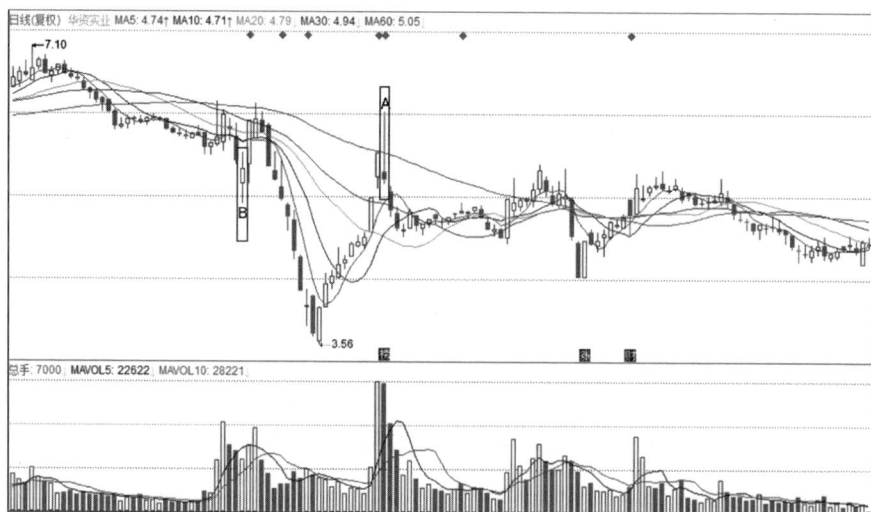

图4-10　华资实业日线图

注意事项：

（1）无论是上影线还是下影的出现，都是股价向上或向下波动时的表现。向上突破开盘价或收盘价后的回落出现时，为上影线；向下跌破开盘价或收盘价时，为下影线。因此，可将影线部分视为股价超越开盘价与收盘价的一种极限波动。

（2）在实战中，往往较长的上影线出现在高位时，或是在低位区出现较长的下影线时，更具实战意义，但必须结合当时的量能水平来综合判断是否构成了短线的交易时机。

4.2.6 孕 线

孕线是一种 K 线组合形态，是指股价在上行状态中，第一根 K 线为明显实体较长的阳线，延续着之前的上涨走势，但其后却出现了一根实体相对短小，包括影线在内的高低点均在上一根 K 线的高低点范围内的 K 线，就像是一个母亲怀抱着一个婴儿，因此孕线又叫子母线，或是抱线。这种形态出现时，不管是在反弹行情中，还是在上涨行情中，只要是在高位区出现，往往是股价上涨乏力，即将转为弱势的征兆，因此它是一种看跌的 K 线组合形态。

实战案例：

如图 4-11 伊力特（600197）日线图所示，在持续上涨的 A 区域，先是出现了一根实体与上影线均较长的阳线，接着又出现了一根实体相对小、高低点在上一根阳线高低点范围内的小阳线，形成阳孕阳的孕线，为高位孕线，是股价转跌的征兆。而其后 C 区域出现的两根小阳线，同样在 A 区域内左侧第一根阳线高低点范围内，同样为其孕线。股价在弱势持续反弹中进入 B 区域，先是出现了一根较长的阳线，接着出现了一根实体较短、高低点均在上一根 K 线高低点范围内的小阴线，为阳孕阴的孕线，是反弹结束转跌的征兆。

注意事项：

（1）投资者在判断孕线形态时，必须至少要有两根 K 线，一根为实体较长的阳线，另一根为实体较短小，且高低点均在上一根 K 线高低点范围内的 K 线，标

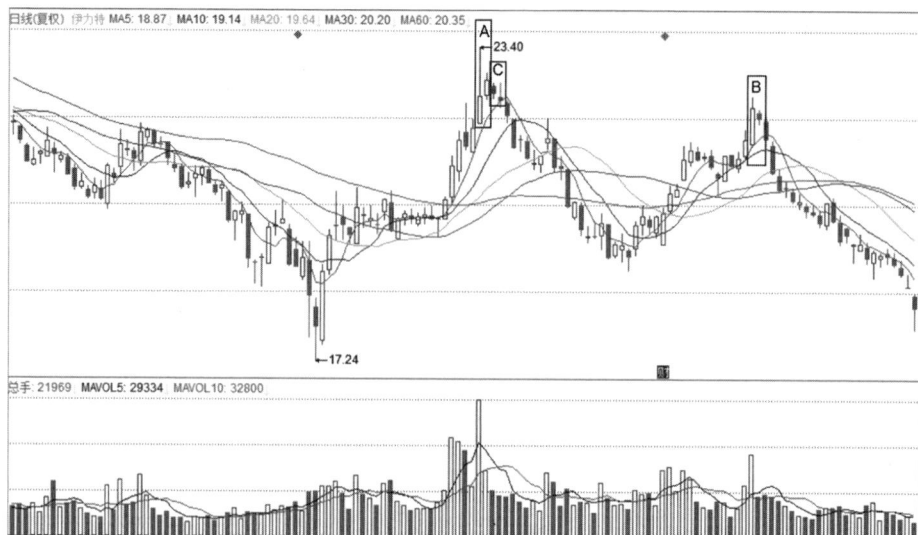

图4-11 伊力特日线图

准的孕线为两根 K 线，实际上若是出现多根 K 线时，只要其后的小 K 线均在第一根阳线高低点范围内时，也同样可视为孕线。

（2）孕线出现在上涨走势的高位区时，被称为高位孕线。而最容易迷惑投资者的一种孕线形态，是阳孕阳，即长阳线出现后，出现的实体短小的 K 线为小阳线，且两根 K 线期间的成交量均为阳量，这种形态最容易让投资者误认为是量价齐升。

4.2.7　锤子线与上吊线

锤子线与上吊线从形态上看是一样的，都是实体相对较短小，具有较长的下影线，通常至少为实体部分的 2 倍，一般情况下，K 线是没有上影线的，即便是有也会极短，但下影线越长和实体越短时，更具实战意义。

在区分锤子线或上吊线时，那些经过较长时间下跌，于弱势中出现的通常为创出近期新低的符合要求的 K 线，往往是锤子线。所以，锤子线的出现，往往意味着股价的底部反转。而出现在持续明显的上涨行情中的符合要求的这种 K 线，则为上吊线。在确认是否为上吊线时，往往下一个交易日的股价必须跌破上吊线的收盘价。因此，上吊线是一种顶部反转的 K 线形态。

投资者在根据锤子线或上吊线判断趋势反转时，不应仅通过 K 线的形态来确认趋势的反转，必须结合量能的大小，以及之前的趋势来佐证。

实战案例：

（1）上吊线。如图 4-12 哈空调（600202）日线图所示，在持续震荡上涨的过程中，当股价进入 A 区域后，出现了一根实体较短、下影线超过了实体两倍多的下影线，且上影线极短，为上吊线，是股价转弱的征兆，持有者应及时卖出股票。

图4-12　哈空调日线图

（2）锤子线。如图 4-13 亨通股份（600226）日线图所示，股价在持续下跌中进入了 A 区域和 B 区域，相继出现了两根实体较短、无上影线、下影线长度超过实体两倍多的阴线，为锤子线，是股价弱势转强的征兆。

注意事项：

（1）锤子线与上吊线从形态上看是一样的，均是实体较短小、下影线至少为实体两倍的 K 线，无上影线或极短，阴线或阳线均可。

（2）在区分是锤子线还是上吊线时，应结合之前的趋势来判断。之前为明显

持续的下跌弱势中出现的创新低的符合要求的 K 线，往往是锤子线；之前为持续
上涨趋势中突然出现的符合要求的 K 线，往往是上吊线。

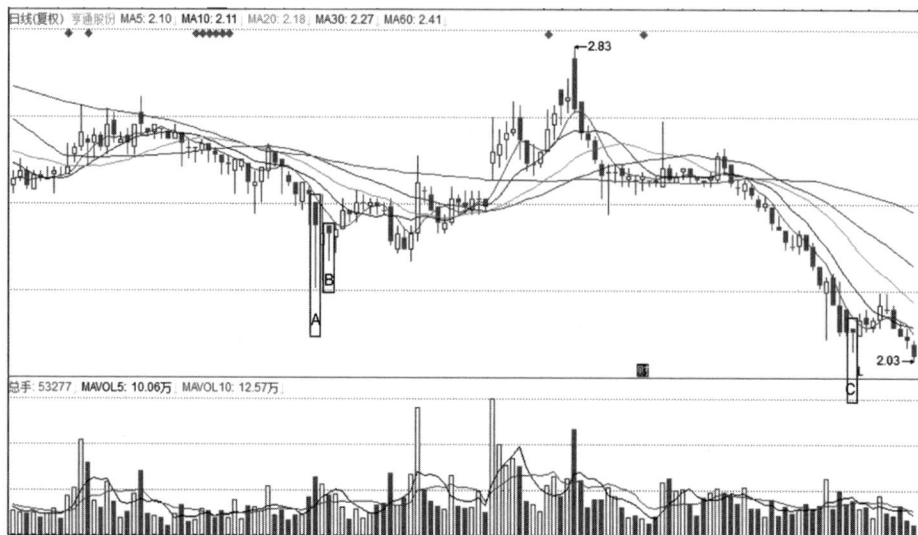

图4-13　亨通股份日线图

4.3　四种量价关系的表现形式

4.3.1　量增价增

量增价增，是指成交量柱在变长的同时，股价也出现了明显的上涨。因此，
量增价增实际上属于一种量价齐升的量价形态，是股价健康上涨时一种常见的强
势状态，所以，在量增价增中，成交量表现为阳量的增加，阳量柱必须高于上一
根量柱，而 K 线通常为阳线，也要高于前一根阳线的重心。由于在量增价增形
态中，是成交阳量的放大导致了股价的上涨，所以说明这是股票受到了市场资金
的关注所引发的量价齐升，因此，当量增价增出现时，若是为明显的上涨趋势，
或是成交量保持在相对较大状态，或是成交量放大明显时，则一种短线可以积极
参与的量价形态。

实战案例：

如图 4-14 城市传媒（600229）日线图所示，股价在持续上涨中进入 A 区域后，仍维持明显的持续上涨状态，成交量柱也表现为持续变长的放量状态，为量增价增的量价关系，说明股价进入了正常的放量上涨状态，前期买入者应始终保持持股，直到这种状态结束。

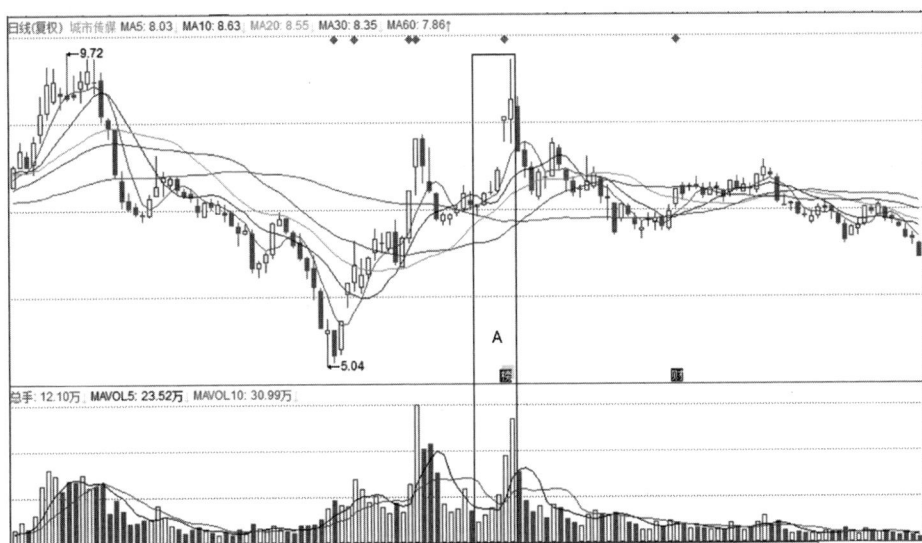

图4-14　城市传媒日线图

注意事项：

（1）量增价增是量价齐升最直接的一种表现形态，一旦出现，预示着股价处于健康的上涨状态，在初期形成时往往是短线积极参与的信号。

（2）当量增价增出现在趋势转强初期时，必须表现为明显的放量上涨状态，即量增价增更为明显时，方为趋势反转的征兆，但在确认时，往往需要多日表现为量增价增时方可确认趋势反转。

4.3.2　量增价减

量增价减，是指成交量在增长的同时，股价却出现了下跌。根据成交量的状态，量增价减又可分为两种具体形态：一是阴量状态的量增价减，这种形态往往是一种放量下跌的状态，如果量能较大，股价又处于高位区，往往是趋势短期快速转弱的征兆；二是阳量状态的量增价减，这种形态出现时，是一种诡异的量价关系，因阳量放大时，必然对应的是价格的上涨，但在股价不涨的情况下，若是在高位区，往往是主力借拉高之际隐藏出货的征兆，若是在相对低位区，则大概率是主力在暗中大举吸筹的表现，预示着后市的上涨。因此，投资者在学习云梯战法前，必须充分了解量增价减两种形态，这样才能准确地判断出现短期趋势的变化。

实战案例：

（1）阴量状态的量增价减。如图4-15沧州大化（600230）日线图所示，股价在弱势中进入 A 区域后，出现了持续的阴量下跌，成交量表现为阴量的持续变长，为阴量状态的量增价减，是股价快速下跌时的一种常态。

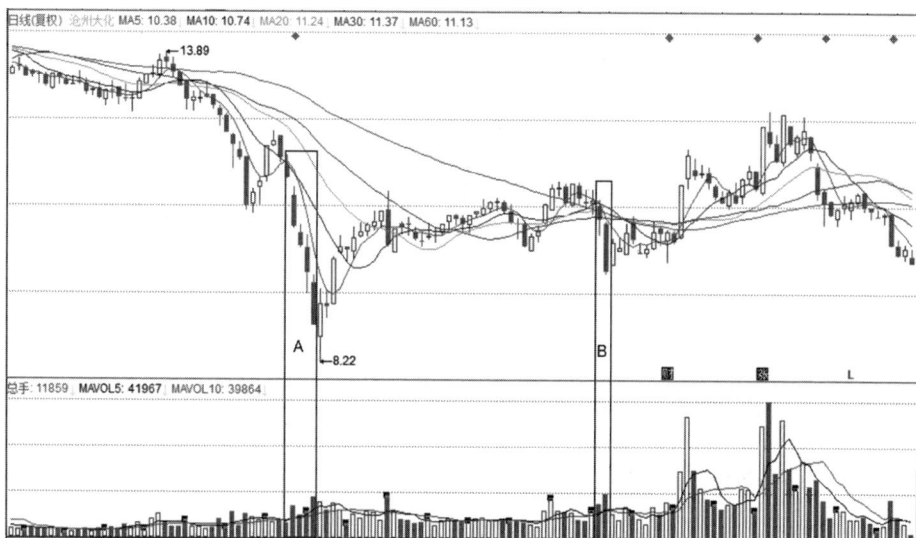

图4-15　沧州大化日线图

（2）阳量状态的量增价减。如图 4-16 金鹰股份（600232）日线图所示，在持续上涨的高位区，股价进入了 A 区域和 B 区域后，均出现了略微下跌，成交量却出现了阳量状态的小幅放量，为阳量状态的量增价减，为一种诡异的量价关系，在此期间若是主力以净流出为主，应果断卖出股票。

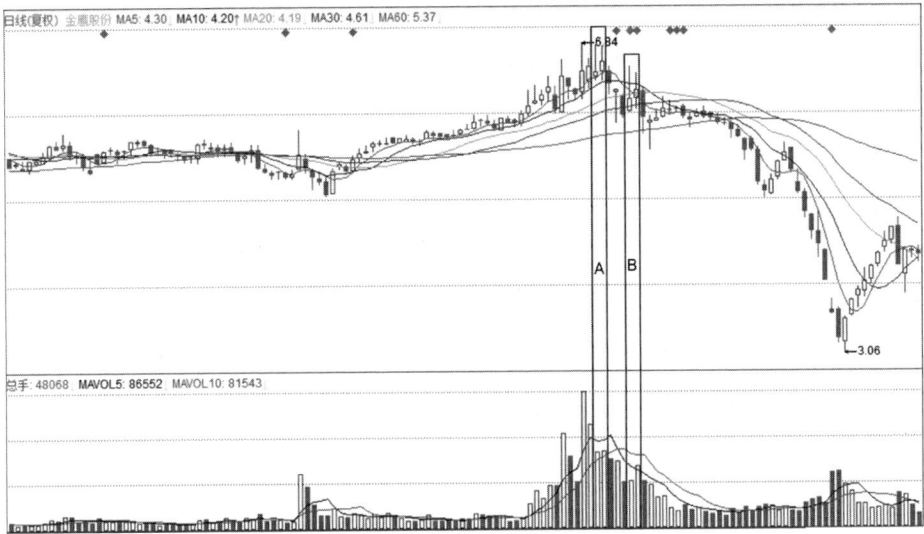

图4-16　金鹰股份日线图

注意事项：

（1）量增价减是一种量价背离的形态，因常态量价形态是量增价增和量减价减，而量增价减与这两种常态表现刚好相反，事出反常必有妖，所以量增价减出现时，投资者一定要具体分析造成这种情况的原因，以应对行情的突变。

（2）量增价减具有两种不同的表现形态，即阳量状态的量增价减与阴量状态的量增价减，不同状态的量增价减所代表的实战意义是不相同的，尤其是阴量状态的量增价减，一旦出现在高位区，往往是短线卖出股票的征兆。

4.3.3　量减价增

量减价增，是指成交量在减少的同时，股价却出现了上涨。根据成交量的不同，量减价增同样有两种不同的表现：第一种是阳量状态的量减价增，这种形态即缩量上涨，是主力筹码高度集中的一种表现，因为无须大的成交量即可推动股价的上涨，所以是主力筹码集中的表现，在持股期间出现这种量减价增时应安心持股；第二种是阴量状态的量减价增，这种情况的出现，往往是股价调整结束的表现，通常出现在上涨趋势调整行情中，是调整结束的征兆，因为卖出量的减少，同时市场的资金在持续买入股票，这才造成了股价的上涨，因此，同样是短线可参与的一种时机。投资者在学习云梯战法前，一定要充分搞清楚量减价增这两种具体的形态，以及出现时要如何应对行情。

实战案例：

（1）阳量状态的量减价增。如图 4-17 圆通速递（600233）日线图所示，在弱势转强初期的 A 区域和持续上涨的 B 区域，均出现成交量为阳量状态的持续量柱变短的缩量，股价却出现了明显的持续上涨，为阳量状态的量减价增，是主力筹码集中的表现，所以，在 A 区域，应在符合云梯战法买入形态要求时买入股票，在 B 区域，应保持持股状态。

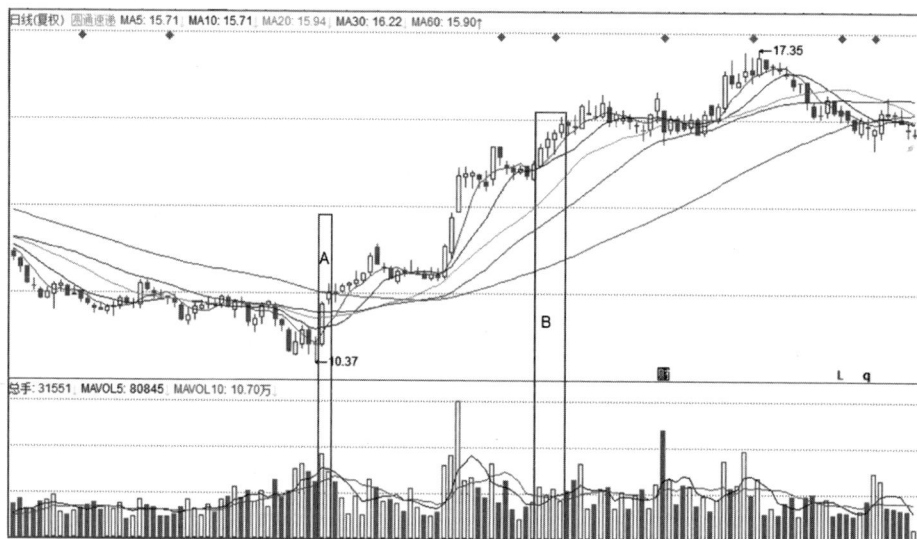

图4-17　圆通速递日线图

（2）阴量状态的量减价增。如图 4-18 青海华鼎（600243）日线图所示，在反弹行情的短期调整阶段的 A 区域，成交量表现为阴量状态的变短缩量，股价却出现了上升阴线，为阴量状态的量减价增，是短线调整即将结束的征兆，前期买入者应持股不变。

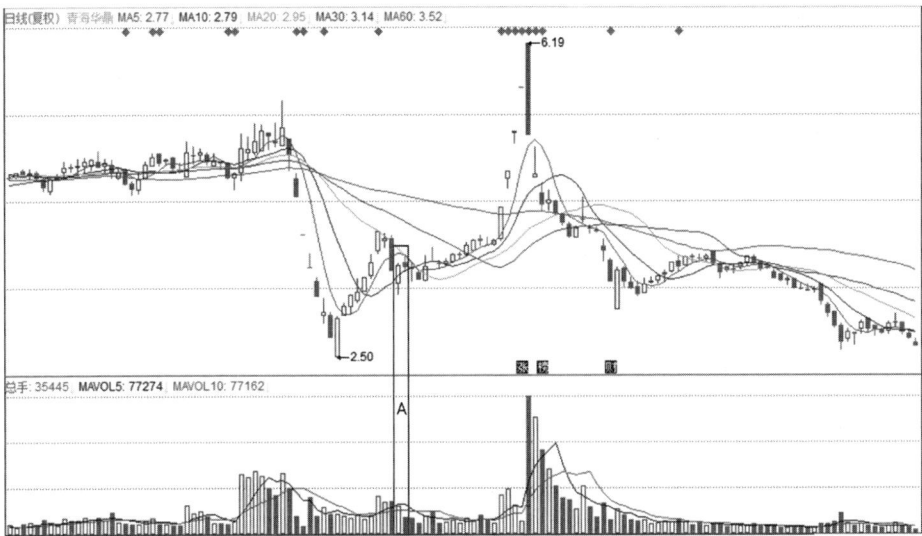

图4-18　青海华鼎日线图

注意事项：

（1）从量价关系的角度看，量减价增同样是一种量价的背离状态，因成交量在不放大而处于缩减状态下，股价是很难实现上涨的，除非是主力资金通过挂单从中干预。因此，量减价增背后所折射出来的是主力资金深度参与其中的痕迹。

（2）量减价增同样有两种不同的表现形态，为阳量状态的量减价增与阴量状态的量减价增，其中，阳量状态的量减价增预示着主力筹码的高度集中，而阴量状态的量减价增若是出现在上涨调整行情，预示着主力结束洗盘时的悄然买入股票行为。

4.3.4　量减价减

量减价减，是指成交量在缩减的同时，股价也出现了相应的下跌，这种形态同样有两种不同的情况：一是阳量状态的量减价减，这种情况出现时，说明股价在上涨中未得到市场资金的支持，导致成交量缩减，从而引发了股价的回落；二是阴量状态的量减价减，这种情况经常出现在股价下跌的时期，是一种弱势征兆，虽然卖出量在减少，但无法确认股价的下跌已经进入尾声。因此，无论是阳量状态的量减价减，还是阴量状态的量减价减，都属于一种正常状态的量价形态。投资者在学习云梯战法前，一定要认真学习量减价减这种量价关系，只有明白了什么是常态的量价形态，才能在背离的量价形态出现时，及时捕捉到股价异常变动前的征兆。

实战案例：

（1）阳量状态的量减价减。如图 4-19 陕建股份（600248）日线图所示，在持续反弹的 A 区域，股价明显出现了小幅的下跌，成交量也出现了明显的缩量，为阳量状态的量减价减，说明前期的反弹行情未得到资金的支持，是反弹结束的征兆，前期买入者应果断卖出股票。

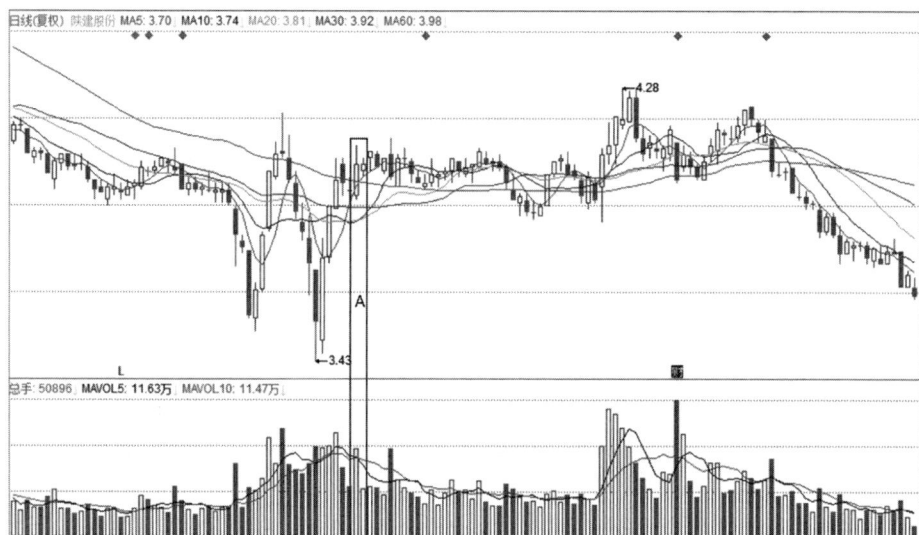

图4-19　陕建股份日线图

（2）阴量状态的量减价减。如图 4-20 两面针（600249）日线图所示，股价在大幅上涨的高位区进入了 A 区域和在弱势反弹中进入了 B 区域，在这两个区域均表现为持续的阴量下跌，成交量为阴量的持续变短，为阴量状态的量减价减，是股价弱势的一种象征，应果断远离此种形态的股票。

图4-20 两面针日线图

注意事项：

（1）量减价减是一种正常状态下的量价形态，因此，投资者在根据量减价减判断股价的趋势演变时，可以按照正常的量价变化进行预判，无须过多考虑主力资金的参与程度。

（2）量减价减在实战中，同样有着阳量形态与阴量形态两种表现方式，若是强势上涨状态出现时，阳量状态的量减价减，多数是上涨途中的间歇，只要其重新出现放量上涨，即应保持持股；而阴量状态的量减价减若是出现在下跌趋势时，往往是调整缩小的征兆。

4.4 量价在云梯战法中的应用

4.4.1 放量上涨：云梯战法买股时的健康状态

放量上涨，是指成交量在阳量状态下，后一根成交量柱明显高于前一根成交量柱，同时，股价也出现了明显的阳线上涨的状态。从量价关系上看，放量上涨属于一种量价形态明显的量增价增形态。因此，放量上涨又是量价齐升的一种明显表现。尤其是在趋势转强初期，这种形态出现时，往往成交量的水平也处于相对较高的量能水平，股价上涨的幅度也相对较大，所以，在云梯战法实战应用期间，在买入期间出现了放量上涨的这种量价形态，则表明是一种健康状态的强势征兆，投资者应积极买入股票。在学习量价关系与形态表现期间，投资者一定要认真学会放量上涨这种量价形态，以及什么样的放量上涨才是强势状态的量价形态，这样才能在行情到来时，及时把握住难得的机会买入股票，从而获得良好的收益。

实战案例：

如图 4-21 南京商旅（600250）日线图所示，在 A 区域内，股价表现为阶梯式的光头阳线式上涨，成交量表现为明显的持续后一根长于前一根的放量状态，为明显的放量上涨的量价形态，符合云梯战法中两根 K 线的阶梯式放量上涨的强势买入形态，是一种健康的买股形态，应积极买入股票。

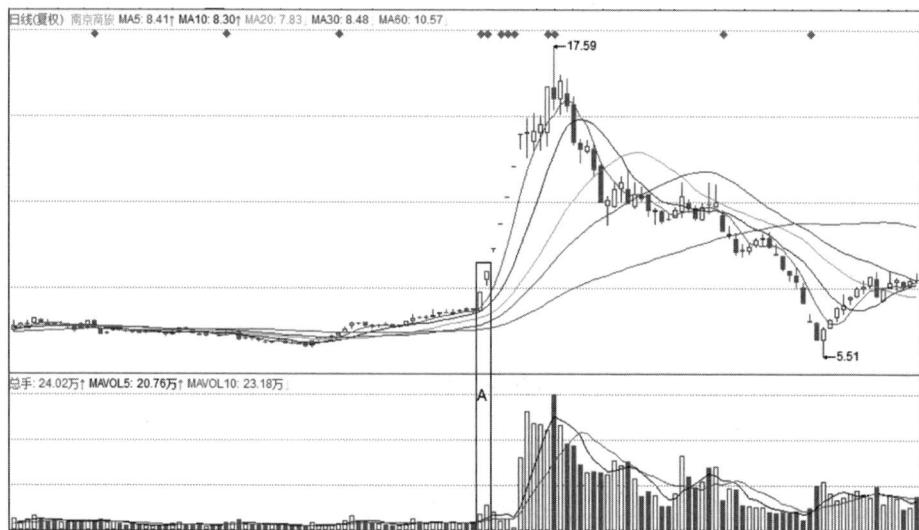

图4-21　南京商旅日线图

注意事项：

（1）放量上涨是量价齐升的一种表现，属于量增价增的量价形态，但并非所有的放量上涨都会成为云梯战法中买入股票的量价形态，只有明显的放量上涨出现时，才会构成云梯战法的买股时机。

（2）投资者在根据放量上涨的量价形态买入股票时，必须在同时符合运用云梯战法买股时的其他条件时，方可买入股票，而不可过于倚重放量上涨这种量价形态。

4.4.2　缩量上涨：主力高度控盘下的买入时机

缩量上涨，是指股价在上涨的同时，成交量出现了明显的量柱缩减的情况。这种形态出现时，往往是一种量减价增的量价形态，表明盘中买入股票的资金量没有放大，但股价却出现了明显上涨，因此是一种主力筹码高度集中状态下的高度控盘的状态。事实上，这种缩量上涨出现时，往往不是没有放量，只是整体的量能不算大，但短时的局部放量程度却是巨大的，所以推动了股价短时的快速涨停。因此，在缩量上涨中，股价在当日经常会出现快速涨停，而这种股价的盘中涨停，也是最终导致当日成交总量未放大而表现为缩量状态的根本原因。在云梯战法的实战中，这种缩量上涨出现的时机是买股时一种最为强势的买股时机，一经出现，应果断买入股票。

实战案例：

（1）一字涨停式缩量上涨。如图 4-22 哈森股份（603958）日线图所示，在弱势震荡中，股价进入了 A 区域，出现了持续上涨，且在 A 区域内右侧出现云梯战法中的买入时机的当日，股价直接以涨停价开盘的一字涨停板出现，且成交量表现为明显的量能极度缩量，为强势上涨中最强的主力高度控盘下的一字涨停式缩量上涨，只是这种形态的股票，往往是无法在启动时买入的，只能在前期埋伏买入。

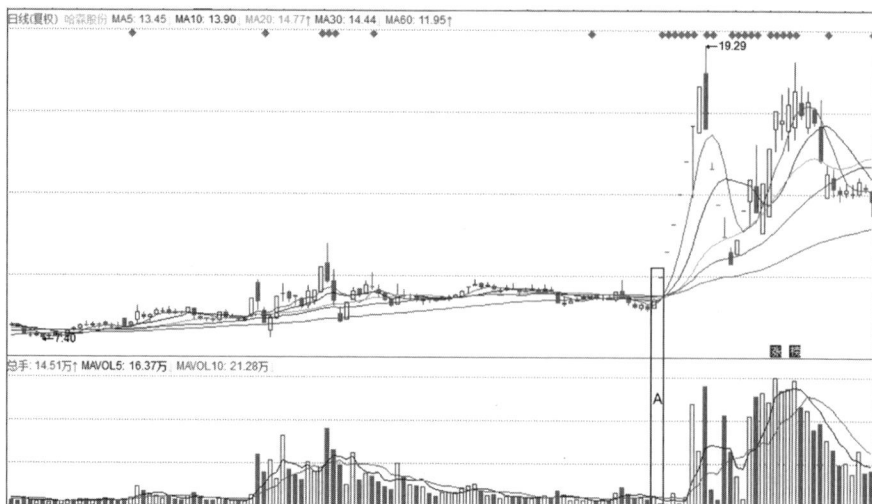

图4-22　哈森股份日线图

（2）光头涨停阳线式缩量上涨。如图 4-23 中电电机（603988）日线图所示，股价在弱势震荡中进入 A 区域后，形成了跳空高开的两根光头光脚阳线，且第二根阳量当日股价为涨停状态，成交量出现了小幅的缩量状态，符合云梯战法的台阶式放量上涨，为光头涨停阳线式缩量上涨，为主力高度控盘下的买入时机，投资者应在 A 区域右侧 K 线当日果断于涨停前买入这只股票。

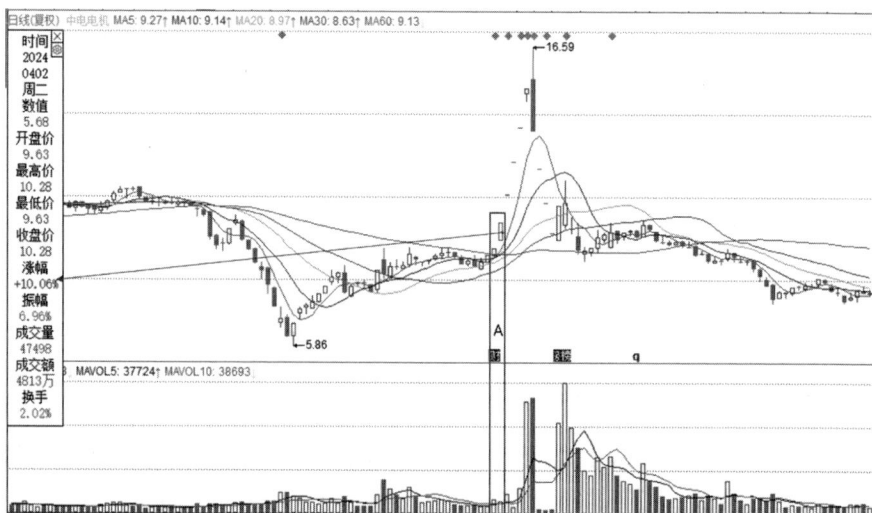

图4-23　中电电机日线图

注意事项：

（1）投资者在根据缩量上涨判断云梯战法的买股时机时，往往是通过日线图上的量价关系表现形态来观察的，而不是周线图或 60 分钟图等，因这种缩量上涨的形态，往往是日线抢板操作的一种方法。

（2）缩量上涨从强度来看，分为最强势的一字涨停式缩量上涨，这种形态虽然强，但投资者是难以参与的，更多的是一种光头涨停阳线式缩量上涨形态中的抢板操作。

4.4.3　放量下跌：云梯战法卖股时的常态

放量下跌，是指当成交量为阴量状态时，出现了量柱的明显变长，而股价也出现了明显的快速下跌的形态。因此，放量下跌实际上属于量增价减的一种量价形态，同时也是一种趋势转弱时的量价齐跌的突出表现。尤其是在股价上涨的高位区，当出现了高量水平的放量下跌时，往往意味股价短期趋势的快速转弱，因此是云梯战法卖股时的一种经常出现的量价形态。投资者只要在实战期间，一经发现这种大量状态下的放量下跌，不管是否形成了明显的放量，均应果断卖出股票。因此，当从卖股形态的角度来看这种放量下跌时，有两种不同的情况：一是大阴量的放量下跌形态；二是大量状态的大阴量下跌形态。在这两种形态中，成交量为高水平大阴量或放量大阴量，K 线只要表现为下跌状态，无论是大阴线还是长上影线，甚至是长十字星状态均可。

实战案例：

（1）明显放量大阴量下跌。如图 4-24 睿能科技（603933）日线图所示，在持续上涨的高位区，当股价进入 A 区域后，出现了一根中长阴线，成交量表现为一根上至超过显示区三分之二水平线的中长大阴量柱，为明显放量的大阴量下跌，前期 B 区域根据云梯战法买入股票的投资者，应及时卖出股票。

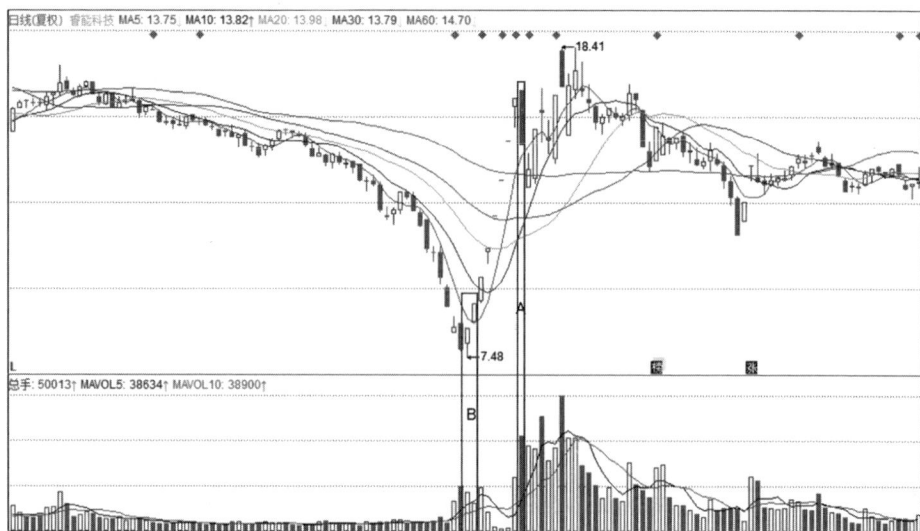

图4-24　睿能科技日线图

（2）大量状态的大阴量放量下跌。如图 4-25 羚锐制药（600285）日线图所示，股价在持续上涨中进入 A 区域后，于 K 线上形成了一根中长阴线，成交量表现为一根较上一个交易日小幅缩量的阴量，但为当前较高水平的大阴量柱，为大量状态的大阴量放量下跌，前期买入股票的投资者，应果断卖出股票。

图4-25　羚锐制药日线图

注意事项：

（1）放量下跌是量价齐跌的一种典型的表现方式，因此，只要是在高位区出现时，即是云梯战法卖股时重要的一种卖出股票形态。

（2）投资者在判断放量下跌是否属于卖股时的量价形态时，主要有两种：一种是明显放量状态的大阴量放大的放量下跌，另一种是高水平的大阴量放量下跌。无论出现哪一种形态，均为云梯战法卖股时的量价形态。

4.4.4　放量滞涨：主力隐藏出货的卖股时机

放量滞涨，是指在股价持续上涨的过程中，当成交量在保持着放量状态下，或是大量水平下期间，股价未出现上涨，反而出现了 K 线保持在同一水平下的震荡滞涨。出现这种形态，往往说明主力维持股价在高位区的同时，一方面，是在吸引市场资金买入股票，另一方面，是在暗中派发手中的股票，因此是主力资金隐藏出货时经常采用的一种手法。由于在判断放量滞涨形态时，只是通过量价形态来确认的，不用考虑成交量的阳量或阴量状态，甚至是阴线或阳线的差别，因此，投资者在确认放量滞涨为主力隐藏出货时，需要同时观察盘口信息中的主力资金动向，只要当日主力资金以净流出为主，且流出量较大，即可确认为云梯战法的最佳卖股时机，应果断卖出股票。

实战案例：

如图 4-26 世运电路（603920）日线图所示，若投资者在 B 区域根据云梯战法买入了这只股票，在其后的持续上涨中，当股价进入 A 区域后，出现了三根在价格相差不大的 K 线，成交量为当前大量水平的放量状态，为放量滞涨形态，说明主力在隐藏出货，因此，应果断卖出股票。

注意事项：

（1）投资者在判断放量滞涨形态时，一般要观察 3~5 根的 K 线和 3~5 根的成交量柱，但因股价转跌都是迅速的，所以，只要有两根 K 线和两根成交量符合要求时，主力资金又表现为净流出明显时，即应果断卖出股票。

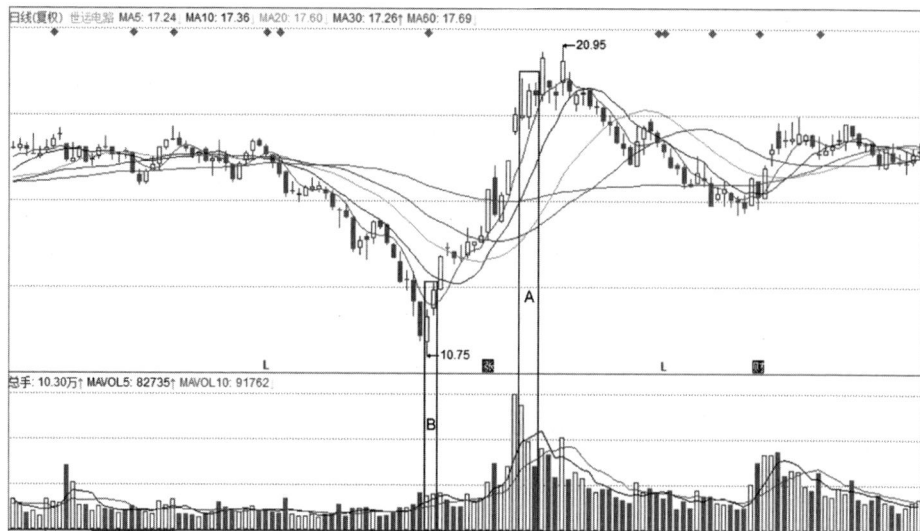

图4-26　世运电路日线图

（2）在根据放量滞涨确认主力隐藏出货的卖点时，投资者必须结合当时的盘口信息综合确认，因只有主力资金以净流出为主时方可卖出股票，且卖出后短期不可再买回股票，因即便后市股价仍有上冲的动能，但多为短线的上冲，是主力拉高出货的征兆，再买入后极易被套。

第5章

选股：
确保买股获利的基础

选股是云梯战法中最为重要的一个环节，尽管在这一环节中并不需要入场操作，全程都是通过观察得出判断结果，但其往往是考量一名投资者水准高下的试金石，比如在技术选股环节，投资者需要在面对一只股票的走势时，直接判断出当下这只股票处于一种什么位置，因此，没有选股环节中的准确判断，很难在其后确保目标股能够出现短期凌厉的走势。

5.1 选股原则

5.1.1 价值投资下的中长线选股原则

云梯战法虽然是一种短线操盘技术，但是在实战选股时，却一直遵循着价值投资理念，而这种基于价值投资理念的选股原则属于一种中长线的选股原则。这是因为，股市如战场，与冷兵器时代一样，是一寸长一寸强，一寸短一寸险。也就是说，市场上所有的短线炒股技术，其操作起来的风险都是极高的，正是出于这一点考量，云梯战法在制定选股原则时才一直坚守中长线选股的价值投资理念，目的就是通过中长线选股，从股价运行的趋势出发，规避掉那些短线强势不够的股票，从而实现操盘获利。因此，投资者在学习云梯战法的选股技术时，一定要明白云梯战法的基于价值投资的中长线选股原则，只有这样才能真正学好云梯战法的选股技术。

实战案例：

如图 5-1 中盐化工（600328）月线图所示，在根据云梯战法实战选股时，应通过周线图或月线图来进行技术选股，在 2024 年的 6 月所在的 B 区域，月线呈横盘震荡趋势，而这一区域即是前期上涨整理前的 A 区域横盘震荡区域的中高部，可以将其确认为底部区域，符合技术选股要求，这时即应对其基本面进行观察。

如图 5-2 中盐化工（600328）的财务分析（按年度）所示，上市公司2021—2023 年净利润持续保持在 11 亿~19 亿元，收益稳定；基本每股收益保持在 0.7~1.6 元；净资产收益率保持在 8%~22%；资产负债率保持在 20%~51%，为健康运行状态。

综合以上分析观察，可确认中盐化工这只股票符合技术面弱、基本面强的选股要求，不仅具有中长线的投资价值，同时符合云梯战法的短线投资要求。

注意事项：

（1）价值投资理念是运用云梯战法选股时的一条重要选股原则，因云梯战法

图5-1 中盐化工月线图

图5-2 中盐化工财务分析（按年度）

虽然是短线操盘技术，但为增加操作的成功率，所以采用了这种中长线选股时才遵守的价值投资理念，在这种理念下选中的股票一旦转强，持续时间往往更长，短期涨幅也更可观。

（2）云梯战法中的中长线价值投资理念，主要是从趋势演变的角度出发，选择那些整理更为充分的技术型股票，同样又要确保上市公司业绩的优良，以确保其后的转强时是真的按照趋势演变的规律所展开的强势，而不是仅仅依靠消息等，所以，这种涨势的可信度更高。

5.1.2 技术面与基本面相结合的选股原则

投资者在学习云梯战法的选股技术前，一定要明白其另一个重要的选股原则——技术面与基本面相结合的选股原则。这一原则正是基于价值投资中的中长线选股原则制定出来的一条具体的选股原则，因为一只股票若是在弱势整理中实现转强，除了需要弱势整理充分，还必须要求上市公司具备一定的中长期投资价值，否则很难有较多的实力雄厚的资金机构来投资。因此，此时看到的技术面弱势整理，并不一定就真的是弱势。所以，在选股期间，技术面弱势类的股票，只是具备了未来转为强势的可能，如何确保这种可能成为现实呢？就必须要求上市公司的基本面具备这一潜质——公司基本面不能太差，起码保持多年的持续盈利状态，哪怕是盈利少也没关系，这样才能确保公司的股价不会出现弱势转弱的情况，其股价也才能真正遵从趋势运行的规律。所以，为了通过云梯战法操盘获利，投资者在选股时，一定要遵守技术面与基本面相结合的选股原则。

实战案例：

（1）技术面选股。如图 5-3 天通股份（600330）月线图所示，若在 2024 年 6 月选股时，从月线上发现，股价在 2014 年 6 月于 B 区域内横盘震荡，而这一区域刚好是上次启动前弱势整理的 A 区域，所以，可将其确认为低位区的弱势整理，符合技术面选股要求。

图5-3　天通股份月线图

（2）基本面选股。如图 5-4 天通股份（600330）财务分析（按年度）所示，

2021—2023 年，公司净利润一直保持在 3 亿 ~7 亿元；基本每股收益一直保持在

0.2~0.7 元；净资产收益率保持在 4%~13%；资产负债率保持在 30% 左右。可见

这是一家业绩良好且稳定的上市公司，符合基本面选股要求。

综合以上两点，可得出结论，天通股份在 2024 年 6 月期间，是完全符合云

梯战法选股要求的股票，应列为目标股持续观察。而这种选股方法，就是技术面

与基本面相结合的选股方法。

注意事项：

（1）技术面，主要指股价在 K 线图的运行趋势所表现出来的某些形态，属于

技术范畴，尽管市场上许多分析人士均认为 K 线图是主力有意画出来欺骗散户的，

但这一观点略有偏颇，不可取，因技术面体现的往往是一只股票的运行趋势。

（2）基本面就是上市公司的财务分析，而财务数据又体现出上市公司治理公

司的成效，因此，在观察上市公司的基本面时，往往只需要通过其财务数据即可

窥见其治理公司的效果。

科目\年度	2023	2022	2021	2020	2019	2018
成长能力指标						
净利润(元)	3.25亿	6.69亿	4.15亿	3.81亿	1.62亿	2.84亿
净利润同比增长率	-51.46%	61.31%	8.87%	134.70%	-42.72%	80.76%
扣非净利润(元)	2.00亿	3.67亿	2.92亿	1.50亿	5784.99万	2.25亿
扣非净利润同比增长率	-45.49%	25.81%	94.80%	158.91%	-74.27%	89.59%
营业总收入(元)	36.82亿	45.08亿	40.85亿	31.56亿	27.80亿	26.10亿
营业总收入同比增长率	-18.32%	10.35%	29.44%	13.52%	6.50%	19.77%
每股指标						
基本每股收益(元)	0.2630	0.6590	0.4200	0.3880	0.1650	0.2850
每股净资产(元)	6.59	6.32	5.05	4.73	4.08	3.84
每股资本公积金(元)	3.71	3.71	2.55	2.48	2.47	2.47
每股未分配利润(元)	1.73	1.52	1.29	0.90	0.57	0.46
每股经营现金流(元)	0.35	0.61	0.57	-0.0032	-0.09	0.09
盈利能力指标						
销售净利率	8.81%	14.95%	10.31%	12.24%	6.03%	11.13%
销售毛利率	21.18%	25.43%	25.95%	22.89%	24.32%	29.08%
净资产收益率	4.08%	12.31%	8.53%	8.70%	4.13%	7.47%
净资产收益率-摊薄	4.00%	8.59%	8.24%	8.08%	3.99%	7.41%

图5-4　天通股份财务分析（按年度）

（3）在技术面结合基本面选股期间，只有那些技术整理充分，同时基本面又优良的上市公司，其后转强的概率才更高。因此，投资者在选股时一定要遵守技术面与基本面相结合的选股原则。

5.2　技术面选股方法

5.2.1　股价当前的位置判断方法

投资者在根据云梯战法选股时，首先要学会如何理性看待一只股票当前的位置，判断其在整个趋势中是处于一种什么状态，比如是不是在高位？是不是在低位？是不是在底部区域？在判断时，应选择周线图或者月线图。打开后，应观察当前股价所处的位置，若是在历史高位附近震荡，则基本不要考虑这类股票，即便是业绩再优秀的股票，其强势上涨的高位区，也不可能持续很长时间，此外，在市场资金的炒作下，业绩优良的强势股的股价往往会被资金大幅炒高，很难体现出其真实水平，因此，在选股时要选那些处于弱势状态的股票。在周线图或月线图上选股时，除了要观察在趋势上当前的股价所处的位置外，还要看当前股价正处于一种什么状态，比如是否是跌到了前期上涨前的整理区域，或是启涨区域，也就是当前的股价水平是否遇到了筹码密集区的支撑。在通常情况下，前期启涨前的低位整理区的支撑最强，可视为底部区域；而前期上涨前震荡整理区域的支撑相对较强，可视为中期底部区域；若是当前股价跌破了前期启涨区域，且处于创出历史新低后的弱势整理时，往往预示着这一区域就是历史大底。而所有以上的判断是否成立的前提是：这家上市公司的业绩不能出现长期的大幅弱化，也就是其基本面的状况稳定。这就是判断一只股票当前的股价在趋势中所处位置的高低的方法，是基于长线的，而非短线的。

实战案例：

（1）周线判断方法。如图 5-5 长春燃气（600333）周线图所示，如果投资者在 2024 年 6 月选股时，选到了这只股票，且发现长春燃气在 2024 年 6 月所处的 A 区域，股价呈现出横盘小幅震荡的趋势，而当前这一位置恰好是 2022 年 4 月与 2021 年时低位震荡整理时的平台下方的位置，说明这一位置为 2020 年启涨前弱势整理的位置，可以说是近几年难得一见的一个相对的大底，是符合云梯战法中的周线选股要求的，应及时观察其基本面，以确定是否为目标股，这就是云梯战法选股时的周线判断方法。

（2）月线判断方法。如图 5-6 国机汽车（600335）月线图所示，若投资者在 2024 年 6 月选股时看到了这只股票，发现在 2024 年 6 月所处的 A 区域，股价处于弱势下跌中，且当前的位置已经到达了股价上次上涨前的 2021 年 8 月时弱势整理区域 B 区域的低位，可以说股价基本调整到低位区了，因此，符合云梯战法的月线选股要求，应及时观察其基本面，以确定是否为目标股。这就是云梯战法选股时的月线判断方法。

图5-5　长春燃气周线图

图5-6　国机汽车月线图

注意事项：

（1）投资者在通过云梯战法技术面选股时，首先要对其技术面进行判断，而在技术面的判断中，首先要学会如何确认一只股票当前的价位是否合理，是否具有中长期支撑，只有支撑越强时，才越具有投资价值。

（2）在云梯战法的技术选股期间，有着周线选股与月线选股之分，虽然观察的方法基本相同，但往往是月线观察优于周线观察，尤其是当投资者观察周线时难以看明白时，不妨去观察一下月线，则趋势会一目了然。

5.2.2　股价弱势整理的判断方法

弱势整理是云梯战法技术选股时的唯一技术形态，所以，投资者在确认这一形态前，必须学会如何判断一只股票的当前位置，这样才能够真正看明白什么是弱势整理形态。因此，无论是周线图上，还是月线图上，只有当一只股票的当前位置处于高位回落后的长期弱势震荡整理，而这一区域是在前期股价强势期间的整理区域时，才为具有支撑的弱势整理平台区域；或是当股价从高点位置大幅下跌后形成了长期弱势横盘震荡或箱体震荡时，这一位置恰好是股价上一轮上涨前的弱势整理平台，则这一弱势整理平台才具有更强的支撑，为一只股票弱势整理的价值底；一旦股价出现再次跌破这一整理平台后，于下一个台阶再次形成了弱势整理状态，这一区域则是历史大底，是具有中长线抄底时机的抄大底时机。以上三种情况，无论是在周线图还是月线图上均可，一出现，即是符合云梯战法技术选股要求的股票。

实战案例：

（1）周线图选股。如图 5-7 澳柯玛（600336）周线图所示，若投资者在2024 年 5—6 月期间选股时，发现在 2024 年 5—6 月所在的 A 区域，当前的股价位置与之前一轮上涨行情前的弱势整理区域 B 区域相近，说明此轮调整已基本到位，因此，当前的股价处于底部弱势区域，符合云梯战法技术面股价弱势整理的要求，应再观察一下基本面，以确认是否可将其列为目标股。

（2）月线图选股。如图 5-8 航天动力（600343）月线图所示，若投资者同样在 2024 年 5—6 月期间选股时，发现 2024 年 5—6 月所处的 A 区域，股价呈现出长期横盘小幅震荡的走势，且当前的弱势整理位置是位于上一轮上涨启动前的弱势整理区 B 区域略上的位置，因此可确认 2024 年 5—6 月期间的股价为长期弱势整理的底部区域，符合技术选股的要求，应再观察其基本面，以确认是否可将其列为目的标。

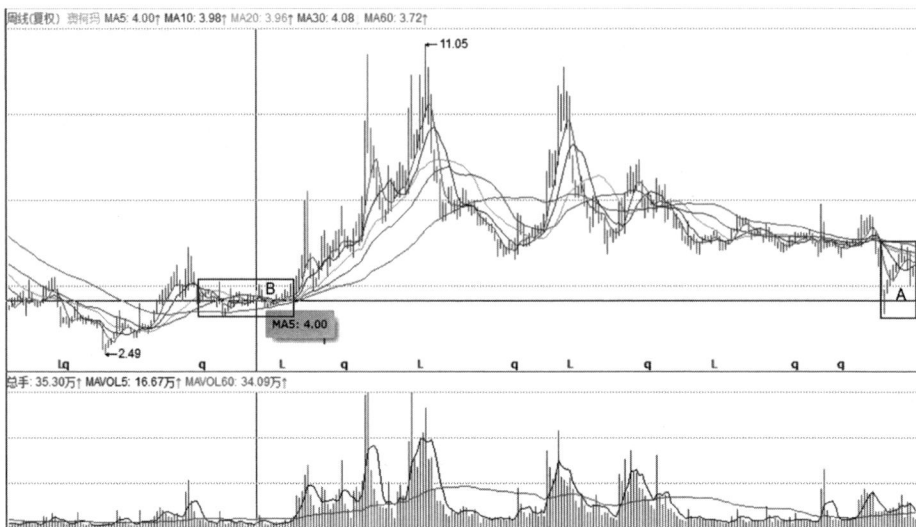

图5-7　澳柯玛周线图

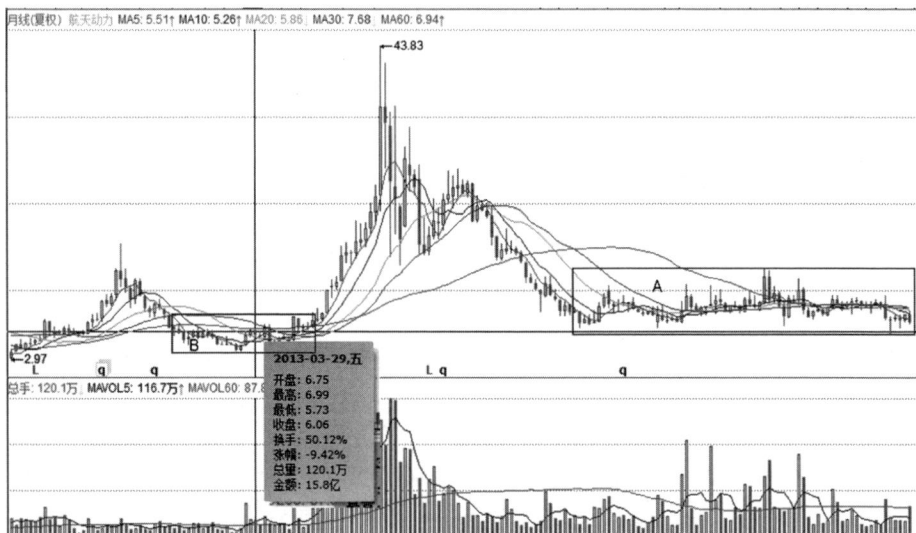

图5-8　航天动力月线图

注意事项：

（1）投资者在根据云梯战法技术选股期间，主要是对于一只股票当前价格的弱势进行判断，只有一只股票处于长期弱势整理状态时，才是最符合技术选股要求的股票类型。

（2）无论是在周线图还是在月线图上选股，只要是按照云梯战法的要求选出的那些处于具有支撑或非理性下跌后的弱势整理平台的股票，才是最符合要求的股票。通常情况下，往往是那些跌得狠的股票，一旦反转，其强势更持久，涨幅也更大。

5.3　基本面选股方法

5.3.1　判断业绩的四大财务指标

投资者在根据云梯战法基本面选股时，往往是在这只股票于技术面符合要求的情况下，对其基本面进行观察，这要求对上市公司的财务分析中的净利润、基本每股收益、净资产收益率和资产负债率四个方面进行观察，但这并不是说上市公司财务报表中的其他指标的情况就不重要了，而是净利润、基本每股收益、净资产收益率和资产负债率四个方面的情况，是最能体现一家上市公司的盈利能力强弱的指标，因此，只需要观察这四个财务指标的数据即可。但是投资者在观察净利润、基本每股收益、净资产收益率和资产负债率这四大财务指标时，一定要记住一点，即要观察其长期的情况，按照财务分析中的"按年度"来观察，观察其最近 3 年财务报表中的这四个指标的数据即可。原则上，一家上市公司只要在最近 3 年中净利润持续为正，基本每股收益保持在至少 0.2 元，净资产收益率保持在 5% 左右，资产负债率一般小于 70%，最高也不可超过 90% 时，即为符合基本面选股的要求。但是这仅仅是基本的要求，即数值上最少满足以上数值，除了资产负债率外，净利润、基本每股收益、净资产收益率三个指标的数值越大越好。

实战案例：

如图5-9长江通信（600345）财务分析（按年度）1和图5-10长江通信（600345）财务分析（按年度）2所示，在观察这只股票的基本面时，应观察其财务分析中的情况。通过观察发现，长江通信在2021—2023年的净利润一直保持在9 000万元~2.3亿元；基本每股收益持续保持在0.4~1.2元；净资产收益率保持在4%~9%；资产负债率保持在8%~23%。这说明这是一家业绩优良和稳定的公司，且经营较为健康，完全符合云梯战法基本面选股中规定的四大财务指标的数值要求，若其技术面同样符合要求的话，应将其列为目标股持续观察。

注意事项：

（1）投资者在判断一家上市公司的业绩时，不要只是观察其一个季度或几个季度的数据，甚至是某一报告期的数据，而是要观察其最近3年内持续的数据，这样才能确保其基本面的稳定。

科目\年度	2023	2022	2021	2020	2019	2018
成长能力指标						
净利润(元)	**2.21亿**	**1.98亿**	**9145.24万**	8343.69万	1.13亿	2.32亿
净利润同比增长率	11.48%	116.87%	9.61%	-26.01%	-51.46%	-10.93%
扣非净利润(元)	1.36亿	1.72亿	9229.41万	8893.99万	1.06亿	2.13亿
扣非净利润同比增长率	-20.96%	86.75%	3.77%	-15.99%	-50.25%	-16.23%
营业总收入(元)	6.96亿	6.32亿	1.10亿	1.77亿	1.76亿	1.48亿
营业总收入同比增长率	10.05%	111.00%	-37.79%	0.20%	19.34%	-42.04%
每股指标						
基本每股收益(元)	1.1200	1.0000	0.4600	0.4200	0.5700	1.1700
每股净资产(元)	10.38	11.06	10.66	10.09	9.88	9.60
每股资本公积金(元)	4.06	2.78	3.29	3.13	3.20	3.14
每股未分配利润(元)	3.68	4.78	4.07	3.75	3.53	3.43
每股经营现金流(元)	-0.05	-0.12	-0.12	0.12	-0.39	-0.20
盈利能力指标						
销售净利率	29.74%	80.06%	83.23%	47.24%	63.99%	156.35%
销售毛利率	33.09%	14.86%	12.75%	19.26%	13.46%	6.81%
净资产收益率	8.68%	8.44%	4.47%	4.17%	5.85%	14.16%
净资产收益率-摊薄	6.46%	8.48%	4.33%	4.18%	5.76%	12.22%

图5-9　长江通信财务分析（按年度）1

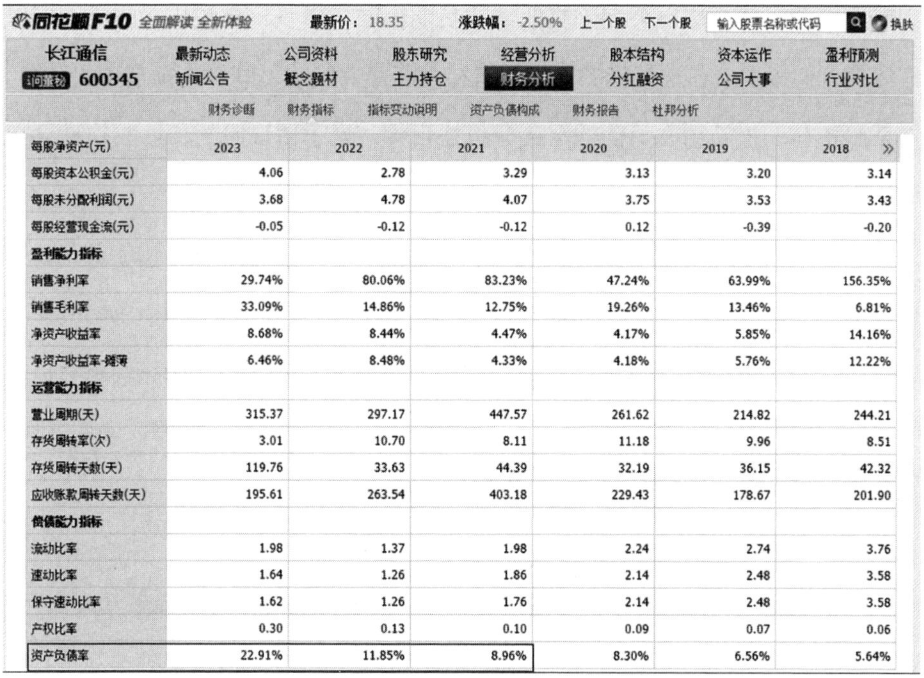

图5-10　长江通信财务分析（按年度）2

（2）在判断一家上市公司的业绩时，净利润为正、基本每股收益保持在至少 0.2 元、净资产收益率至少保持在 5%、资产负债率一般小于 70% 只是满足要求中的最低数值，实战期间，在净利润、基本每股收益和净资产收益率是数值越大越好，而资产负债率的比例则是越小越好。

5.3.2　判断绩优股、白马股、龙头股的方法

绩优股，就是那些公司业绩一直优良，但是增长速度却较慢的上市公司所发行的股票。这类公司，往往其业务较为成熟，无须大幅进行业务扩张，同时，公司抵抗经济衰退的能力较强，且业绩稳定。在判断绩优股时，投资者无须手动计算财务分析中的指标，因炒股软件中会自动进行财务数据分析，属于绩优股的，会在个股资料最新动态页面的财务分析中注明。

白马股，是指那些业绩长期稳定与增长，投资风险低、回报率高的上市公

司所发行的股票，这类公司因其业绩的长期稳定与增长，名气相对较大，所以往往是价值投资者首选的标的。投资者在判断白马股时，同样无须自主去判断，在个股资料的最新动态页面的财务分析栏目中，属于白马股的，炒股软件会自动注明。

龙头股，是指那些处于某些行业或细分行业前列的上市公司，由于这些公司往往处于行业或细分行业的龙头地位，所以，其抗风险能力及所占市场份额要大于行业内的其他公司，且具有一定的技术壁垒，因此经常是一些机构投资者首选的公司。投资者在判断龙头股时，可综合个股资料最新动态页面的"公司亮点"及公司一些资料，以确认其在行业或细分行业的地位。

实战案例：

（1）绩优股。如图 5-11 华阳股份（600348）个股资料内的最新动态所示，这只股票显示为一只绩优股，说明业绩长期优良，因此在选股时无须再观察其财务指标，只要是其技术面符合选股要求，即为优选的目标股，在其后的买入观察与判断时，在同等条件下，应优先买入。

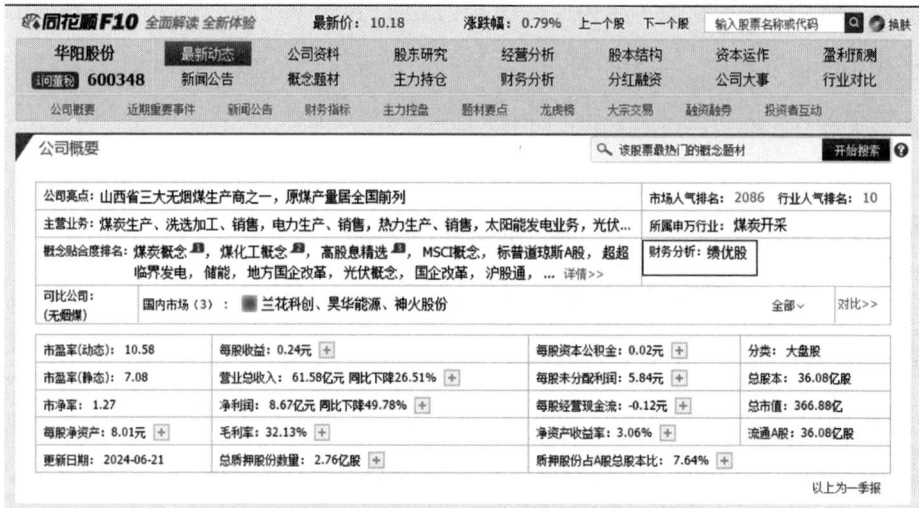

图5-11　华阳股份个股资料最新动态

（2）白马股。如图 5-12 春秋航空（601021）个股资料内的最新动态所示，这只股票显示为一只二线蓝筹股和白马股，说明业绩长期优良，且增长速度较高，因此，在选股时无须再观察其财务指标，只要是其技术面符合选股要求，即为优选的目标股，在其后的买入观察与判断时，在同等条件下，应优先买入。

图5-12　春秋航空个股资料最新动态

（3）龙头股。如图 5-13 精伦电子（600355）个股资料内的最新动态所示，"公司亮点"中显示这家公司在智能控制产品上拥有技术优势且在缝隙机械数控系统行业中排名第一，这说明这家公司为细分行业的龙头企业，对所在的细分行业影响较大，不仅具有较高的抗风险能力，同时市场份额在行业内所占比重也较大。因此，在选股时无须再观察其财务指标，只要是技术面符合选股要求，即为优选的目标股，在其后的买入观察与判断时，在同等条件下，应优先买入。

注意事项：

（1）绩优股与白马股有一个共同的特点，就是业绩的长期优秀，所以，对于初入市的投资者来说，有些难以区分，但在判断时只要观察一只股票在个股资料的最新动态中的财务分析中的结果即可，属于白马股或绩优股的会自动注明，否则就不属于。

图5-13　精伦电子个股资料最新动态

（2）值得注意的是，许多蓝筹股均为绩优股，而有时一只股票既是绩优股，又是白马股，甚至还是蓝筹股或龙头股，这类股票，一旦技术面符合要求，则是优中选优的目标股，操作时应优先买入。

（3）云梯战法中判断龙头股的方法与市场略有不同，因云梯战法中的龙头股是从行业地位出发的，而市场上判断龙头股时是以板块或行业中的领涨地位来确认的，投资者应区别对待。

5.4　实战要点

5.4.1　拒绝超低面值股

投资者在根据云梯战法选股期间，一定要拒绝那些超低面值股，而所谓的超低面值股，就是股价低于2元的股票。这是因为，自2022年初，证券市场的几个交易所先后修改了股票上市规则，均规定：上市公司的股价在连续20个交易日中，每日收盘价只要一直保持在低于1元的水平时，则会被强制退市。这也是市场人士经常提到的 1 元退市制度。这一制度的出台，给那些喜欢投资低价股的投资者敲响了警钟，因为若是股价长期处于 2 元以下的价格时，则极易在弱势中持续走弱，最终被强制退市。因此，投资者在选股期间，一定要始终坚持拒绝选择那些低于 2 元的超低面值股，这样就不会出现在其后被无端卷入操作即将退市股票的结局。尤其是在技术面选股时，对于那些长期弱势震荡类的股票，一定要观察其面值，一旦发现其属于超低面值股，则应坚决拒绝。

实战案例：

如图 5-14 利欧股份（002131）月线图所示，若是投资者在 2024 年 6 月选股，关注了利欧股份这只股票，发现在 2024 年 6 月所在的 A 区域，股价呈现出长期横盘震荡的弱势走势，是符合技术面选股要求的。但是若是再观察这只股票当前的价格会发现，这只股票的现价只有 1.46 元，为低于 2 元的超低面值股，在这种弱势下，极易出现持续下跌而导致股价长期低于 1 元价格的风险，因此，应中止继续观察这只股票，应去选择其他符合要求的股票再进行观察和选股判断。

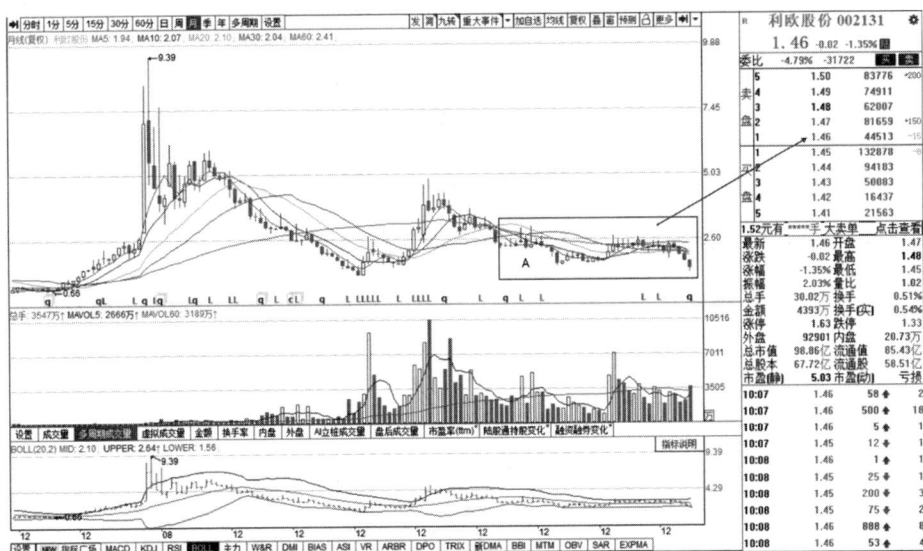

图5-14　利欧股份月线图

注意事项：

（1）超低面值股与退市时的1元以下的规定尚有着一定的距离，但已经处于退市的边缘，因此，投资者不要抱有侥幸心理去选股并操作，否则极有可能血本无归。

（2）不少超低面值股基本面都发生了变化，业绩也开始提升，但由于长期处于弱势状态，只要市场一有风吹草动，极易持续下跌，所以，不管其弱势整理的技术形态如何好，都应在选股阶段即予以排除这一隐患。

5.4.2 拒绝ST类股和绩差股

ST类股，是指沪深证券交易所在1998年4月22日，根据1998年实施的股票上市规定，将那些在财务状况或是其他方面出现异常的上市公司所发行的股票，在交易时进行特别处理：一是这类股票的日涨跌幅限制改为5％，以避免被市场过度炒作；二是将这些被特殊处理的股票名称改为原股票名前加"ST"；三是上市公司的中期报告必须审计。由于"特别处理"的英文是Special Treatment，其缩写是ST，因此，这类被特别处理的股票被总称为ST类股票。事实上，根据不同的情况，被特别处理的股票前加的字母并非只是ST，包括ST、*ST、SST、S*ST，还有一类是只有S，这类股票为还未完成股权分置改革的股票，相对而言，并非业绩不佳，因此，ST类股票主要包括ST、*ST、SST、S*ST四类，只要在选股时发现目标股简称前被冠以了这类字母，就应果断跳过。

绩差股，就是业绩持续较差甚至亏损的股票，这类公司因业绩始终无法提升，所以经常被市场资金忽略，因一不小心就会踩雷，所以资金极少操作这类股票。并且绩差股也极易向ST类股票演变，甚至遭遇被强制退市的命运，因此，投资者在选股期间，同样要回避绩差股。通常而言，基本每股收益在0.1元以下的股票，即可被确认为绩差股，但炒股软件中同样会在个股资料最新动态中的财务分析中注明绩差股。投资者在选股期间，一经发现，就要回避。

实战案例：

（1）ST 类股。如图 5-15 *ST 花王（603007）月线图所示，若投资者在 2024 年 6 月期间技术选股时，发现了这只股票在 2024 年 6 月所在的 A 区域，股价在月线上正处于一种持续下跌后的长期弱势横盘整理的状态，且当前的低点是低于 K 线图左侧股票上市时的最低价下方的，明显是一只破发的股票，所以，当前 A 区域的低点震荡区域为月线大底，符合月线选股要求，但是，如果再看一眼这只股票的简称就会发现，在其简称前被冠以了 *ST 字母，属于明显的业绩持续亏损的 ST 类股票，应果断放弃，以免操作时这只股票被退市。

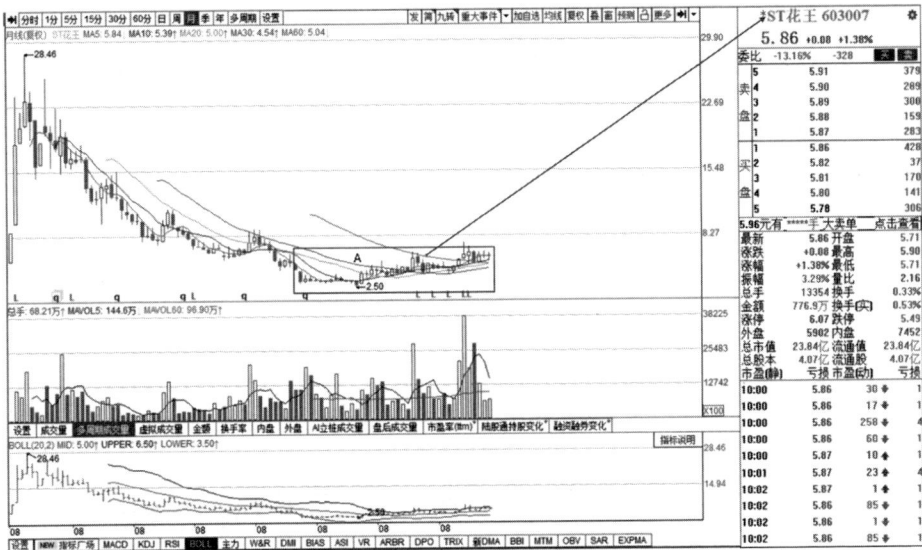

图5-15 *ST花王月线图

（2）绩差股。若是投资者在 2024 年 5 月选股时，发现图 5-16 西藏天路（600326）这只股票在月线图上，2024 年 2—6 月所在的 A 区域，正好是处于前期上涨前启动时的弱势整理位置，即 2014 年 5 月期间弱势震荡区域的位置，且如今在 A 区域出现了短时的 2.65 元的起码 10 年以来的新低，即 A 区域是完全符合技术选股要求的。但是这时，如果再对其基本面进行观察就会发现，如图 5-17 西藏天路（600326）个股资料内的最新动态所示，在财务分析中明确注明了西藏天路是一只绩差股，说明这家上市公司的业绩持续较差，因此，在最近的几年间，公司股价一直处于低位的弱势震荡。投资者应果断放弃这只股票，去另行选股，因绩差股若是业绩持续亏损，或亏损较大时，极易引发退市风险，操作风险较高，其技术面上表现出来的长期弱势并非趋势使然，而是公司股价缺少了业绩的支撑所导致的。

注意事项：

（1）ST 类股票，往往是那些业绩亏损的股票，主要包括 ST、*ST、SST、S*ST 等，对于非业绩差而被冠以 S 的股票，应另行对待，同时，对于股票简称前被冠以其他字母的，也不应视为 ST 类股票，实战时一定要分清。

（2）绩差股往往是 ST 类股票的前身，但由于这类股票简称前尚未被 ST 预警，所以很容易让投资者忽略，尤其是那些技术面符合要求的股票，投资者一定要仔细观察其基本面，以及时筛除掉那些绩差股。

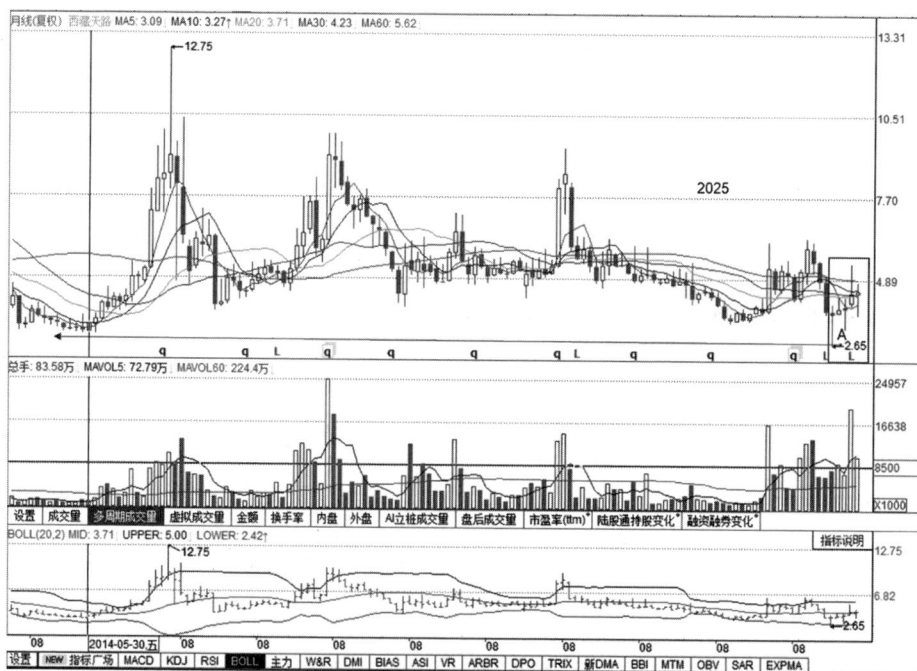

图5-16　西藏天路月线图

西藏天路 600326

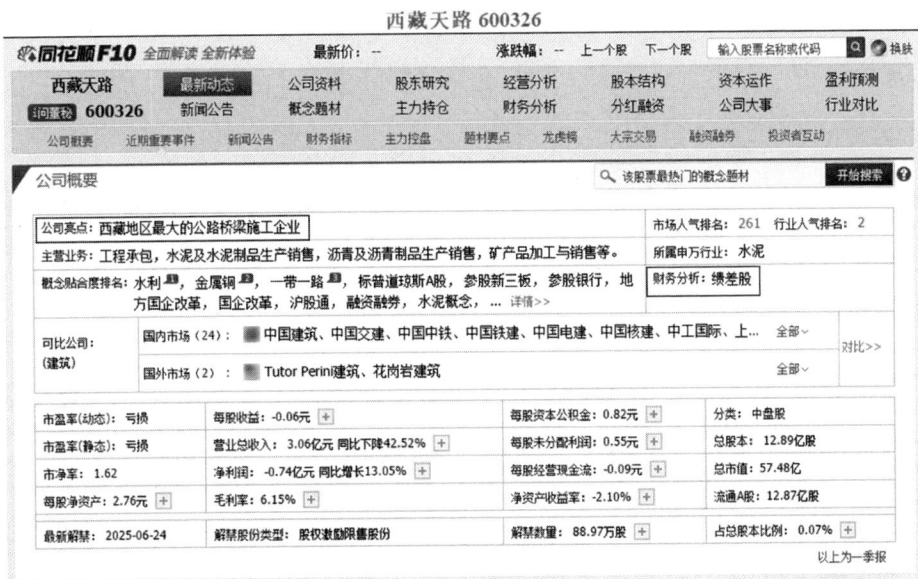

图5-17　西藏天路个股资料最新动态

5.4.3　优选长期基本面强、技术面弱的股票

投资者在根据云梯战法选股实战期间，一定要优先选择那些长期基本面强的股票，这是因为，只有上市公司的长期基本面优秀，其股价才会在持续充分的调整后出现快速转强，因业绩的优良始终是支撑股价走强的动力。而一家上市公司在长期基本面良好的情况下，必须在技术面上表现为较长时间的弱势调整，因业绩再优良的上市公司，其股价也不会持续上涨，一旦累积涨幅较大时，就会出现调整，只有经过了较长时期的弱势调整后，股价才会在业绩的强支撑作用下，由弱势走强。因此，投资者在选股期间，一定要优选那些技术面长期弱势而基本面长期优秀的股票，因这类股票，未来短期快速转强的概率最高，且一旦转强后，短期最容易出现快速的强势上涨，其涨幅往往也是十分可观的。

实战案例：

（1）长期基本面强的股票。如图 5-18 隆基绿能（601012）的财务分析（按年度）所示，若投资者在选股期间看到了这只股票，对其财务方面的数据进行了观察和分析，在 2021—2023 年，公司的净利润一直保持在 90 亿 ~149 亿元；基本每股收益一直保持在 1.2~2 元；净资产收益率最近三年一直保持在 16%~27%；资产负债率持续保持在 50%~60%。以上数据说明这是一家长期业绩稳定且优秀的上市公司，属于长期基本面强的上市公司，一旦技术面呈现出弱势，则为优选的目标股。

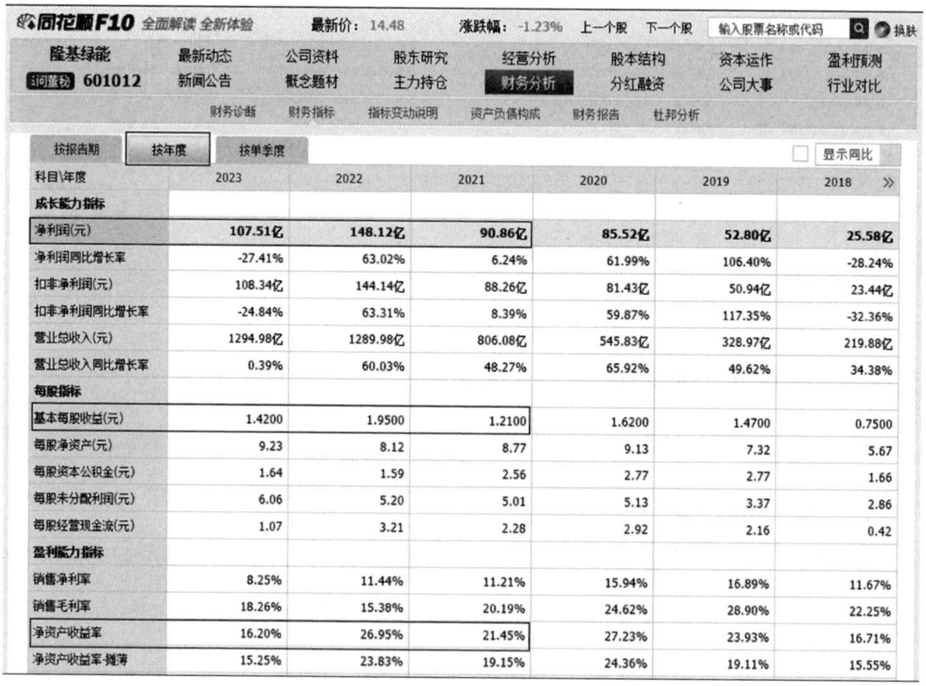

科目\年度	2023	2022	2021	2020	2019	2018
成长能力指标						
净利润(元)	107.51亿	148.12亿	90.86亿	85.52亿	52.80亿	25.58亿
净利润同比增长率	-27.41%	63.02%	6.24%	61.99%	106.40%	-28.24%
扣非净利润(元)	108.34亿	144.14亿	88.26亿	81.43亿	50.94亿	23.44亿
扣非净利润同比增长率	-24.84%	63.31%	8.39%	59.87%	117.35%	-32.36%
营业总收入(元)	1294.98亿	1289.98亿	806.08亿	545.83亿	328.97亿	219.88亿
营业总收入同比增长率	0.39%	60.03%	48.27%	65.92%	49.62%	34.38%
每股指标						
基本每股收益(元)	1.4200	1.9500	1.2100	1.6200	1.4700	0.7500
每股净资产(元)	9.23	8.12	8.77	9.13	7.32	5.67
每股资本公积金(元)	1.64	1.59	2.56	2.77	2.77	1.66
每股未分配利润(元)	6.06	5.20	5.01	5.13	3.37	2.86
每股经营现金流(元)	1.07	3.21	2.28	2.92	2.16	0.42
盈利能力指标						
销售净利率	8.25%	11.44%	11.21%	15.94%	16.89%	11.67%
销售毛利率	18.26%	15.38%	20.19%	24.62%	28.90%	22.25%
净资产收益率	16.20%	26.95%	21.45%	27.23%	23.93%	16.71%
净资产收益率-摊薄	15.25%	23.83%	19.15%	24.36%	19.11%	15.55%

图5-18　隆基绿能财务分析（按年度）

（2）长期技术面弱的股票。同样是上面提到的隆基绿能这家上市公司，如果对其技术面进行观察的话，就会发现，如图 5-19 隆基绿能（601012）月线图所示，这只股票在 2024 年 6 月期间，即图 5-19 中最右侧的 A 区域时，恰好到了股价上一轮启动前的弱势整理区域 B 区域的位置，因此，2024 年 6 月的股价正处于低位震荡区域，基本符合技术选股的要求。

图5-19 隆基绿能月线图

综合以上两点内容，可以得出结论，在2024年6月期间，隆基绿能这只股票属于符合云梯战法选股要求的长期基本面强、技术面弱的股票，为云梯战法选股时优先选择的品种，应及时将其列入目标股，其后持续观察。

注意事项：

（1）长期基本面强是股价未来转为强势的最终动力，因业绩强的股票，最容易被各类资金反复炒作，或是得到大资金的长期持有，因此是短线操盘选股时的最佳标的。

（2）技术面长期弱势是股价转强前的技术形态，越是整理充分的股票，其一旦转强，涨幅往往更为可观，但基本面强往往是这种转强的支撑。

第6章

买股：
股票交易的第一步

买股是股票交易过程的第一步，尽管投资者在走到这一步的时候，必须经历之前烦琐而又枯燥的选股环节，但即便是有了选股做基础，在买股环节依然要考量投资者对股价短期强势的判断，尽管内容包括日线图、分时图、盘口三个方面中的诸多内容的一一确认，但投资者依然不可大意，因为只有当确保了每一个环节中股价均表现为强势时，最终这种强势短期持续的概率才更大，买入后才能确保短期获利。

6.1 买股原则

6.1.1 不强不买

投资者在根据云梯战法买入股票前，一定要明白一个买股原则——不强不买。这是因为，一只股票在转强时，若强势略差，则后市很难确保其能够持续走强，所以，当股价短期的趋势不强时，一定要坚决不买。而不强不买的背后所隐含的，则是越强越买，超强超买。因为只有短线表现为极强状态时，后市持续强势的概率才更大，这样买入的股票才能够短期快速获利，因短线操盘，同样看的是股票的未来短期强势预期，越强的股票，其未来的强势预期会越大，强势差的股票，其短期的未来强势预期则相对较弱。因此，投资者在买股前，一定要坚守不强不买的买股原则。

实战案例：

如图 6-1 吉林化纤（000420）日线图所示，股价在弱势震荡中进入 A 区域，K 线出现台阶式上涨，看似 K 线强势状态明显，但成交量却表现为持续的小阳量，属于启涨形态不强的状态，因此应遵守不强不买的买股原则，保持观望。其后再次震荡到低位又出现中阳线的阶梯式上涨的强势 K 线状态，成交量虽然出现了小幅放量，但整体依然保持在地量水平，且 K 线未出现涨停状态的光头阳线，所以，仍然应遵守不强不买的买股原则，保持观望。直到其后 C 区域出现了持续明显放量状态的阶梯式上涨，方为强势的买股时机，方可买入。因此，A 区域和 B 区域的情况，就是在遵守不强不买的原则下所进行的观望但不买的结果。

注意事项：

（1）在不强不买的买股原则中，强主要是指股价短期的趋势强，通常情况下，量价齐升明显的股票为强势状态，放量不明显的强势股，其强势则相对较弱，因此，对强的判断应有具体的参照。

（2）不强不买的买股原则背后，是越强越买、超强超买，因不强不买是

"避坑"原则，越强越买和超强超买才是买股的进攻之道。

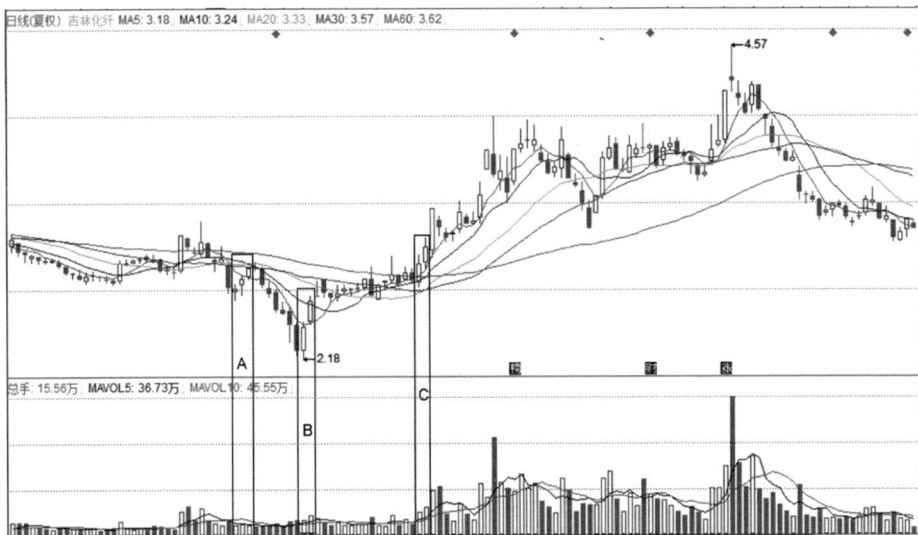

图6-1　吉林化纤日线图

6.1.2　超强超买

投资者在根据云梯战法实战买股前，一定要遵守一条买股原则——超强超买，因为超强超买是一条买股的进攻之道，只有股价短期表现为超强状态时，其短期后市的强势预期才更为强烈，买入股票后的短期获利概率也才会更大，所以，超强超买是针对不强不买的一种买股时的进取原则。而一只股票的短期超强状态，往往表现为快速涨停，所以，如何在强势状态下识别出分时图上量价齐升状态的涨停波，则往往是短线买入超强股票时最为重要的技术。

实战案例：

如图 6-2 华扬联众（603825）日线图叠加 2024 年 6 月 27 日分时图所示，在持续的弱势震荡中，当进入 A 区域后，股价先是出现了一根光头涨停阳线，形成了云梯战法买入形态的第一根 K 线，其后的 B 区域再次出现了一根跳空高开高走的涨停阳线，且 C 区域持续放量明显，观察当日的分时图会发现，当日股价线在高开略回撤后即出现快速直线放量上涨，形成了涨停波，因此，应在股价线快速直线上行中，果断于涨停前重仓买入股票，否则一旦股价涨停，则无法完成交易。这种重仓买入行为，就是在超强超买的买股原则下所进行的操作行为。

图6-2　华扬联众日线图叠加2024年6月27日分时图

注意事项：

（1）超强超买是云梯战法买股时一条重要的买股原则，因此，买股时判断出股价是否为强势，以及对超强状态的判断是最为关键的。因为只有学会了如何判断出强势状态，才能明白什么状态才是超强状态，才能更好地坚持这一买股原则。

（2）云梯战法买股时的超强状态，就是缩量涨停、平量涨停和放量涨停几种方式，关键是在这种日线强模式出现时，如何通过分时图短期的快速量价齐升状态来确认这种超强状态，并敢于及时把握住最佳的买入时机。

6.1.3　勉强不买

投资者在根据云梯战法实战买股前，同样要明白另一条重要的买股原则——

勉强不买。因为在炒股中的买股，与在工作时的做事是一个道理，一旦发现买入期间存在一些勉强的成分时，则往往说明股价短期内表现出来的量价齐升状态是相对弱的，所以这时候，投资者一定要控制好自己的心态，保持持币观望的状态。因为若是一只股票短期表现为强势勉强时，则极有可能是主力在向上操盘时遇到了较强的压力，股价的短线抛压较大，后市则极易出现短线的回落，继续整理，只有向上压力较小时，股价再上涨时才能表现为较强甚至是极强状态。因此，当股价表现为强势勉强时，投资者一定要坚持按兵不动的不买行为，因为勉强的强势，极有可能只是短期昙花一现的强势。

实战案例：

如图 6-3 中材国际（600970）日线图所示，股价在持续弱势中进入 A 区域后，先是出现了一根明显的放量光头涨停阳线，接着出现了一根高开震荡的小阳线，K 线未涨停，且成交量出现了缩量，属于量能不足的状态，买入股票则有些勉强，因此，此时应遵守勉强不买的买股原则，持续观察后再决定是否买入。等到下一交易日的 B 区域，当发现股价继续强势上涨并表现为明显的放量上涨时，再买入股票。这就是在勉强不买的买股原则下所进行的勉强时不买入、不勉强时再买入股票的交易行为。

注意事项：

（1）勉强不买是云梯战法买股期间一条重要的不交易原则，因为投资者在明白什么情况才是买股票的状态的同时，若是明白了什么状态是不买的状态，则更有利于确认买股时的状态，而不买原则往往是从更安全的角度出发考量的。

（2）包括云梯战法在内的所有短线炒股技术，勉强不买的买股原则都是通用的，投资者要想真正做到这一点，则必须在事先对云梯战法中的所有强势买股形态进行更为熟练地掌握和运用，一旦感觉当前的股价表现为略牵强时，则应坚持不买。

图6-3　中材国际日线图

6.2　三类日线强势启涨形态

6.2.1　揭竿而起式上涨

揭竿而起式上涨是日线图上弱势整理类股票经常出现的一种快速启涨形态，在判断时只要分析日线图上的均线系统即可，即日线图上当股价处于横盘小幅震荡期间，一旦五条均线出现了聚拢后由短至长的由上向下依次排列，并线头以5日均线为引领开始向上发散运行，即均线多头初期形成，且量价表现为明显放量上涨的量价齐升或缩量涨停式上涨时，即可确认为揭竿而起式上涨。只是在实战期间，各种形态都是会出现不同变形的，揭竿而起式也一样，有的股票会在日线的长期横盘中的启涨前，先出现一轮小空头似的下跌，形成一个黄金坑，然后再发动快速启涨，这种形态看似是均线的"小空头"，实则均线相距不远，所以均线排列由空转多时，同样是从5日均线开始的，如出现5日均线快速上穿多条均线，而其余均线处于平行或略上行状态，均线系统会即刻形成多头初期的排列，因此，只要启涨时的量价齐升明显，均为揭竿而起式上涨的启涨形态。

实战案例：

如图 6-4 深中华 A（000017）日线图叠加 2024 年 1 月 10 日分时图所示，在长期弱势震荡中，当进入 A 区域后，股价先是出现了一根放量光头涨停阳线，而后出现了跳空高开式的缩量涨停，均线上出现 5 日均线、10 日均线、20 日均线、30 日均线、60 日均线五线向上发散的多头排列初期形态，形成了揭竿而起式上涨。因此，应在 A 区域内右侧阳线出现跳空高开的当日，即根据分时图的强弱判断最佳的买入时机，即图 6-4 中对应的分时图上，股价在大幅高开后出现放量的直线大角度上行时，果断在涨停前买入股票。

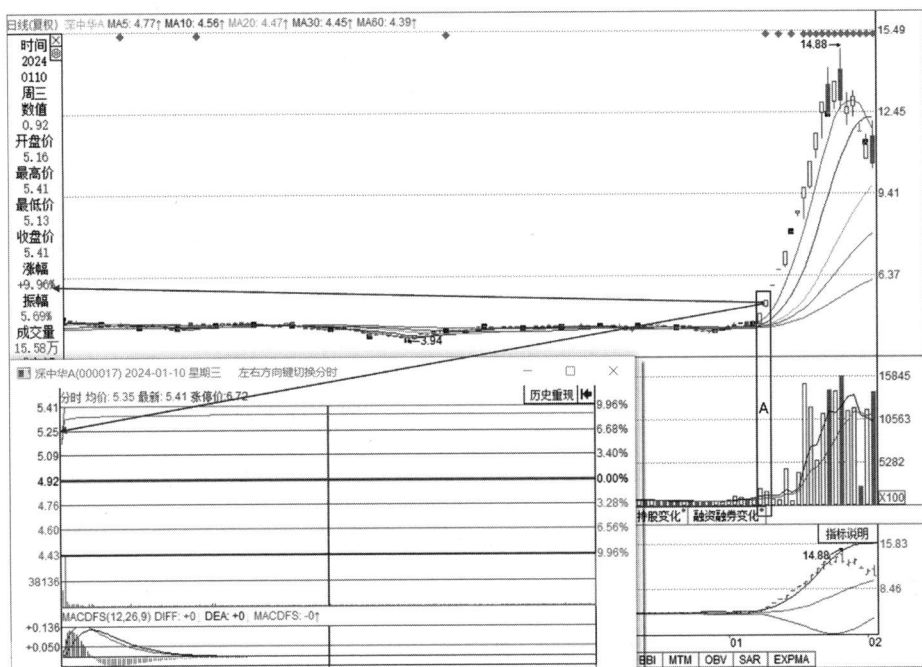

图6-4　深中华A日线图叠加2024年1月10日分时图

注意事项：

（1）揭竿而起式上涨是股价在长期弱势整理状态下经常出现的一种快速转强的形态，但在判断时不管形态是否符合要求，必须量价表现为突然启涨时的量价齐升状态，方可确认为强势启涨。

（2）揭竿而起式上涨出现时，多数时候中小盘股出现时会表现得更为强烈，短期往往是以快速涨停出现，但也有的部分股票，在强势启涨并略上涨后，经过一段调整后才会发动持续上涨攻势，因此，对于波段投资者来说，这类股票在启涨后的调整阶段，往往是中线逢低介入的最好时机。

6.2.2　主升浪加速上涨

主升浪加速上涨，是每只股票转为上涨趋势后必然会经历的一个阶段，是股价在震荡或缓慢上涨后出现最后冲刺式上涨的征兆，也是股价最后的赶顶阶段。但由于这一阶段对于一只强势股来说，短期上涨的幅度较大，因此是短线操盘者十分青睐的一种主升浪小波段行情，因为许多股票的主升浪行情的涨幅十分可观，甚至会达到 50% 或是更高。因此，主升浪行情是云梯战法中较为重要的一种日线小波段操作行情，而在一只股票进入主升浪行情时，同样和突然启涨类的股票一样，经常会表现为短期持续或快速的涨停。因此，主升浪行情被列入了云梯战法中三类日线强势启涨的形态。

实战案例：

如图 6-5 山东出版（601019）日线图所示，股价在弱势震荡中于 A 段走势中形成了明显的均线多头排列的上涨趋势后，又出现了 B 段走势的持续弱势震荡，在结束调整的 C 区域内左侧的两根 K 线与两根阳量柱，形成明显的叠加式上涨的云梯战法的买入形态，则在 C 区域内左侧即可确认 C 区域为主升浪加速上涨的开始，若能及时在初期买入股票，则会收获整个 C 区域主升浪行情中股价持续加速上涨的收益。

注意事项：

（1）主升浪加速上涨大多出现在一只股票的二次上涨中，即当一只股票转为上涨趋势后，在出现第一波上涨后经过了一定时间的短期调整后，再次发动的一轮上涨行情。但这仅仅是多数股票出现主升浪行情的一种常规判断，对于一些超级大盘股而言，不太适用。

（2）对于揭竿而起式上涨的股票而言，其一启涨即开启了主升浪行情，因此是上涨趋势直接转为主升浪行情的特例，这类股票，投资者万不可以常态的操作方式来对待，即中途的调整，则极有可能即是转为下跌的开始，而非主升浪开启前的短线调整。

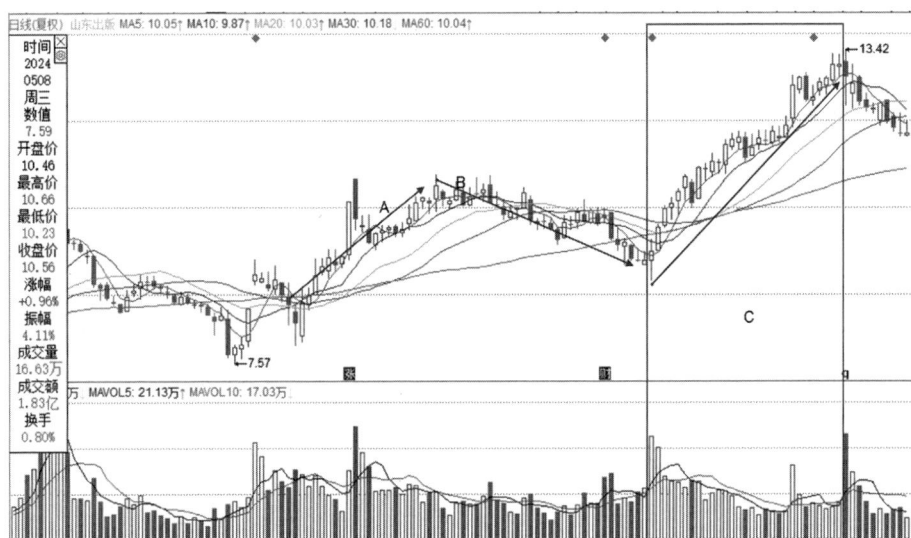

图6-5　山东出版日线图

6.2.3　暴力反弹式上涨

暴力反弹式上涨，是指在日线图上，股票在持续弱势下跌中，突然在探明底部或创出新低后，开启了量价齐升式的快速反弹。这类股票，在云梯战法的实战应用中也经常会遇到，因云梯战法选股时选的均为弱势类股票，这类股票在长周期图上的弱势整理中，经常会发生寻大底或震荡探底的情况，尤其是在选股环节中那些处于月线探大底，创出历史新低或是破发类的股票，在这种极度的探大底的弱势末端，极易形成一种超跌后的突然暴力反弹式上涨，这就像弹簧一样，短期下探的力度越大，反弹时的力度也会越大。因此，暴力反弹式上涨同样是云梯战法中日线最强势的一种形态。

实战案例：

如图 6-6 精伦电子（600355）日线图叠加 2024 年 2 月 19 日分时图所示，在持续快速的下跌过程中，当进入 A 区域后，股价先是出现了一根明显放量的光头涨停阳线，接着又出现了一根明显的上升状态的缩量光头涨停阳线，为暴力反弹式上涨，这类股票，应在 A 区域内右侧的 K 线当日，股价表现为明显量价齐升时，根据当日分时图确认最佳买入时机，即在图 6-6 中对应的分时图上，当股价平开后表现为放量震荡快速上行时，一旦涨幅短期超过了 5%，结合当日盘口强势状态，即应果断买入股票，即便是未能买入，也应在涨停前及时买入。

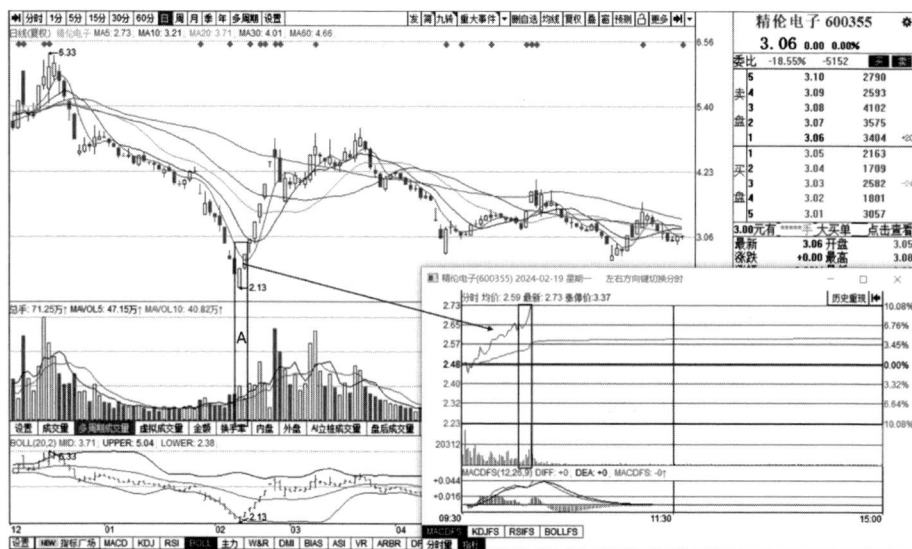

图6-6　精伦电子日线图叠加2024年2月19日分时图

注意事项：

（1）暴力反弹式上涨在日线图上，属于一种弱势抢反弹的行情，但在周线图和月线图上，往往是那些底部为极弱状态的股票最容易出现的一种情况，尤其是在月线上探大底类的股票，而这类股票不仅会成为短线操盘的首选，同时也可作为中长线持股的标的，逢低买入中长线持有。

（2）投资者在根据云梯战法实战买股期间，越是反弹时强势明显的股票，即首次触底回升当日出现快速涨停的股票，下一个交易日开盘后持续强势，往往是日线介入的最好时机，而这类股票，往往其后反弹的力度会更大，甚至有可能一路出现反转。

6.3 两类日线强势状态

6.3.1 三种超强类股票状态

投资者在根据云梯战法买入股票时，一定要能够准确识别出日线图上的三种超强类股票的状态，因为这类超强类状态一经出现，就预示着股价短期处于极强的上涨形态，是最强的日线买点。

这三种超强类股票状态包括：一是无量一字涨停式上涨，就是股价在转强时，是直接以一根红色的"一"字线或是涨停 T 形线出现的，开盘即是涨停价，一直保持到收盘，或是盘中短时排开又快速封死涨停，这类股票在参与时，通常是在强势状态的第二个交易日或第三个交易日，一旦中途打开涨停板，或未直接封板，又保持着强势上涨时，为最佳的日线买点；二是缩量涨停式上涨，这类强势股出现时，往往日线图上的成交量并未明显放大，股价高开或平开后出现快速涨停，所以 K 线往往也不会太长，因此这类强势股的最佳日线买点出现在有效识别出涨停波，并在涨停后的第二个交易日，股价表现为短时明显的量价齐升时；三是放量光头阳线式上涨，这类强势股往往表现为较长的阳线，一般以中阳以上为主，成交量柱明显为放量状态，在寻找这类股的日线买点时，同样要在涨停的下一个交易日中，当发现股价短期的量价齐升明显时，只要不是在尾盘才表现为强势的涨停波，均为最佳的日线买点出现时点。

实战案例：

（1）无量一字涨停式上涨。如图 6-7 万丰奥威（002085）日线图所示，股价在长期弱势震荡中进入 A 区域后，先是出现一根大幅缩量的光头光脚涨停阳线，接着出现了一根红色的一字涨停线，量能再次大幅缩减为无量状态，形成了无量一字涨停式上涨，为超强类股票启动时的状态，但其后未再强势，而是阴线后出现了持续放量的震荡上涨，因此，当 B 区域量价齐升明显时，结合当日盘口强势状态，应果断买入股票。

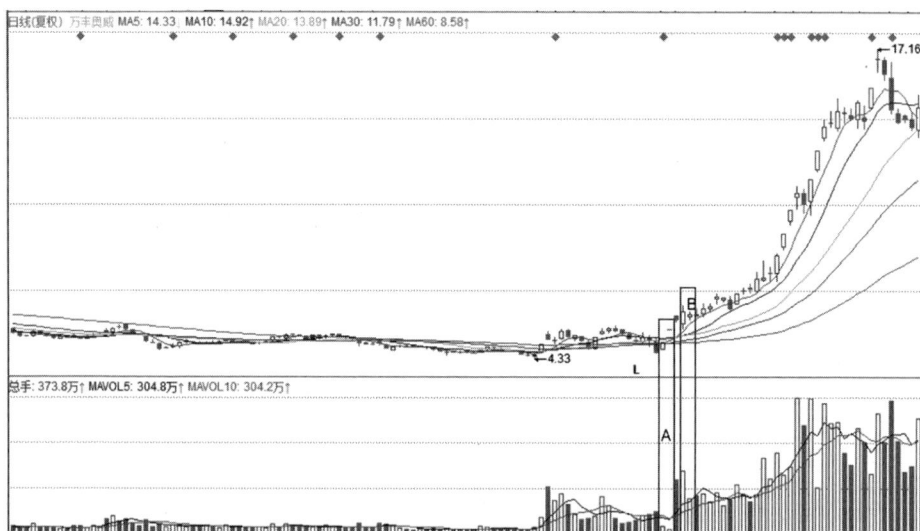

图6-7　万丰奥威日线图

（2）缩量涨停式上涨。如图 6-8 三特索道（002159）日线图所示，股价在持续大幅下跌中进入 A 区域后，先是出现了一根放量光头涨停阳线，接着又出现了一根跳空高开的光头光脚涨停阳线，呈明显的大幅缩量状态，形成了缩量涨停式上涨的日线超强势类股票形态，因此，对于这类股票，应在 A 区域内右侧 K 线跳空高开时根据当日分时图强势，结合当日盘口强势状态，及时买入。

（3）放量光头阳线式上涨。如图 6-9 沃尔核材（002130）日线图所示，股价在弱势震荡中进入 A 区域后，突然出现了一根放量涨停光头阳线，接着再次出现了一根跳空式的明显放量光头涨停阳线，为放量光头阳线式上涨的日线超强类股票形态，对于这类股票，应在 A 区域右侧阳线出现跳空高开的强势量价齐升时，结合当日盘口强势状态，果断买入。

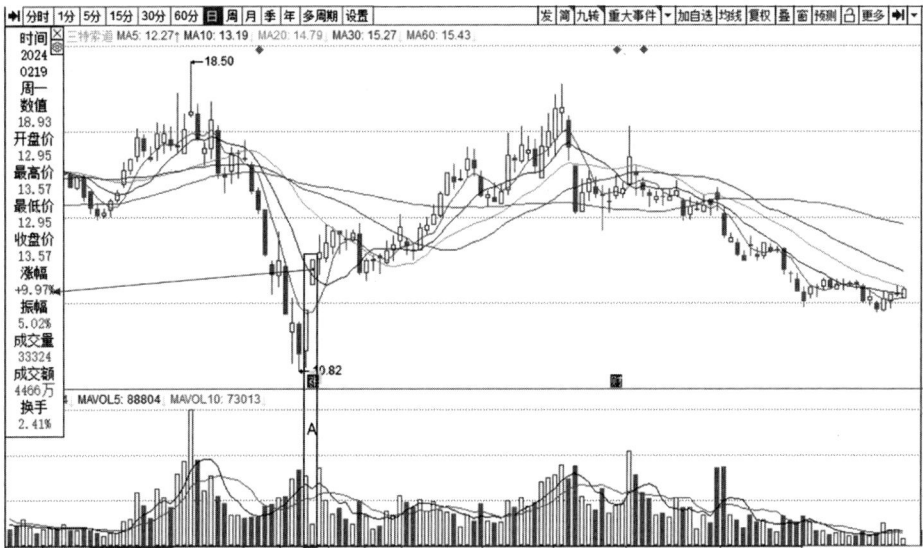

图6-8　三特索道日线图

图6-9　沃尔核材日线图

注意事项：

（1）三类超强类股票状态是日线图上短线表现最强的股票状态，所以，投资者在使用云梯战法实战前，一定要熟记这三种超强形态，因为这三种超强类股票一经出现，即可重仓买入。

（2）三种超强类股票形态主要包括：一是无量一字涨停式上涨，这是最强的一种形态，一般较难参与，除非是第二或第三个交易日未持续封板或板面短暂打开了，方有机会参与；二是缩量涨停式上涨，这类强势股是仅次于一字涨停板式上涨的强势股，只要在下一个交易日内未直接封板，即是最好的参与时机；三是放量光头阳线式上涨，这同样是一种超强状态的股票，只要放量当日未爆出大量或天量，次日均可积极参与。

6.3.2 两种强势类状态

投资者在根据云梯战法实战买股期间，在认识了日线图上的三种超强类股票状态后，还要了解另外两种强势状态，因为一只股票在启涨时或表现为超强或强势，而初期的强势并不意味着其后就不会进入超强状态，所以，强势状态依然是十分重要的。日线上的两种强势状态包括：一种是阶梯式上涨，这种强势状态的特征为：在2~3个交易日中，股价快速转强，2根或3根K线表现为后一根阳线高于前一根阳线，呈阶梯式状态，且阳线实体均不会过长，却保持在相近的大小状态，成交量表现为持续放量或明显放量，此类强势股的日线买点，是在形态确立的当日；另一种是叠加式上涨，这种强势状态的特征为：在2~3个交易日中，出现的2或3根阳线柱较长，一般为中阳线状态，且阳线之间出现了向下的交错与重叠的部分，但K线的重心是明显在上升的，即阳线是在这种交错与重叠的状态中保持着上涨的，成交量保持着大量状态或明显放量状态，日线的最佳买点是形态确立的当日。以上这两种强势状态，虽然从短期涨幅上或会弱于三种超强状态，但在其后的加速上涨中，其短期涨幅并不一定会输给前者，因此，也是买股时需要谨记的两种日线买股形态。

实战案例：

（1）阶梯式上涨。如图 6-10 精工科技（002006）日线图所示，股价在持续弱势下跌中进入了 A 区域后，先是出现了两根持续上涨的阳线，成交量也保持在当前较高的水平，但放量不明显，因此，应在下一个交易日再次出现了一根在之前阳线实体上开盘并上涨的缩量涨停阳线时，确认暴力反弹式上涨中的阶梯式上涨的强势状态，对于这类股票，应在 A 区域右侧，即确认为阶梯式上涨的第三根 K 线当日，只要分时图表现为明显快速的量价齐升时，即应果断在短时涨幅超过 5% 时，结合当日盘口强势状态，及时买入股票。

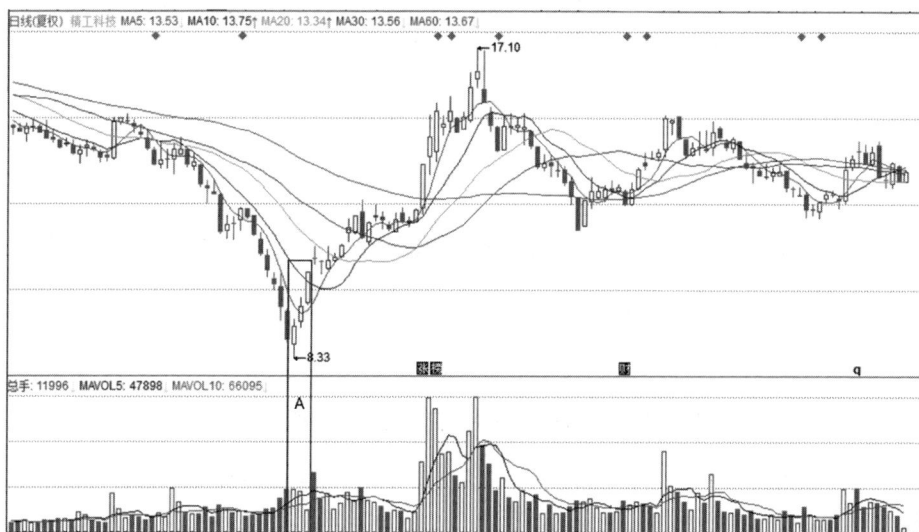

图6-10　精工科技日线图

（2）叠加式上涨。如图 6-11 电投能源（002128）日线图所示，在弱势震荡中，当进入 A 区域后，股价在短时下跌中突然止跌，并持续出现了三根节节上涨的阳线，且阳线实体均有不同程度的重叠，成交量也表现为持续明显放量状态，为揭竿而起式上涨中的叠加式上涨的股票强势状态。对于这类股票，应在 A 区域内最右侧 K 线当日，即确认阶梯式上涨的当日，根据当日的分时图量价齐升的强势来确认具体的买入时机，并结合当日盘口强势状态，及时买入股票。

图6-11　电投能源日线图

注意事项：

（1）两种强势状态为日线上的两种股票强势状态，包括阶梯式上涨和叠加式上涨，但这仅仅是 K 线上的表现状态，成交量上必须保持为明显放量或是持续大量状态的量价齐升，否则不可确认为强势。

（2）在日线图上的两种强势状态中，无论是阶梯式上涨还是叠加式上涨，均不可在期间爆出巨量，一旦出现巨量，只有其后能够保持持续的巨量上涨时方可买入，否则就应在其后的回落调整结束转强时再参与。

6.4　两类日线强势股的买股时机要求

6.4.1　强势涨停股的买股时机

在判断日线强势股时，往往是当股价在交易日中出现了快速涨停时才能够确认其为强势，但涨停后的股票是无法买入的，因此，如何在强势股涨停前发现其强势基因而果断买入股票，成为投资者需要掌握的内容。根据云梯战法的买股要求，是买二不买一的，所以，当在日线图上确认买股时机时，不是在强势股的第一次涨停的当日，而是在涨停后的第二个交易日，只要是股价未再直接开盘涨停，则应在当日开盘后，股价依然保持着量价齐升的强势时，果断确认最佳日线买点并买入股票。若是在第二个交易日股价直接涨停，则应在盘中开盘时介入，但若是未开板，则应选择在第三个交易日的量价齐升时的最佳日线买点处买入。但是必须谨记，从股价涨停转强的第一个交易日起，超过三个交易日后，就不要再参与这只股票了，尤其是创业板或科创板内的股票，因短期内涨幅已较高，再参与则风险也会大幅增加。

实战案例：

如图 6-12 华天科技（002185）日线图叠加 2024 年 2 月 7 日分时图所示，在持续大幅的下跌过程中，当进入 A 区域后，先是出现了一根小幅放量状态的光头光脚涨停阳线，接着出现了一根在这根阳线实体上开盘的光头放量涨停阳线，形成了暴力反弹式上涨的阶梯式上涨的强势形态，这类股票的具体买点应为 A 区域内右侧 K 线当日，即确认为阶梯式上涨的当日，即股价当日高开放量快速高走时，若出现股价线直线大角度上行的涨停波时，应在涨停前果断买入。而这只股票的买点判断，则应结合图 6-12 中 A 区域对应的当日分时图，当股价小幅高开后，出现放量震荡快速上行，当股价短时涨幅超过 5% 时，即为分时图最佳的买入时机，再结合当日盘口强势状态，及时买入股票。

注意事项：

（1）强势涨停股的买股时机不是要在涨停首日即抢板，而是要在其后的第二个交易日或是第三个交易日中，股价开盘后表现为量价齐升时，确认日线买股时机。

（2）对于强势涨停股的买股时机判断，往往最佳的买股时机为涨停后的第二个交易日，第三个交易日仍然可以操作，只是时机略延后了一些，超过第三个交易日后再出现的买股时机，则经验不足的投资者尽量不要参与，尤其是创业板或科创板中的股票，其日涨跌幅最大为 20%，短线的风险会更大。

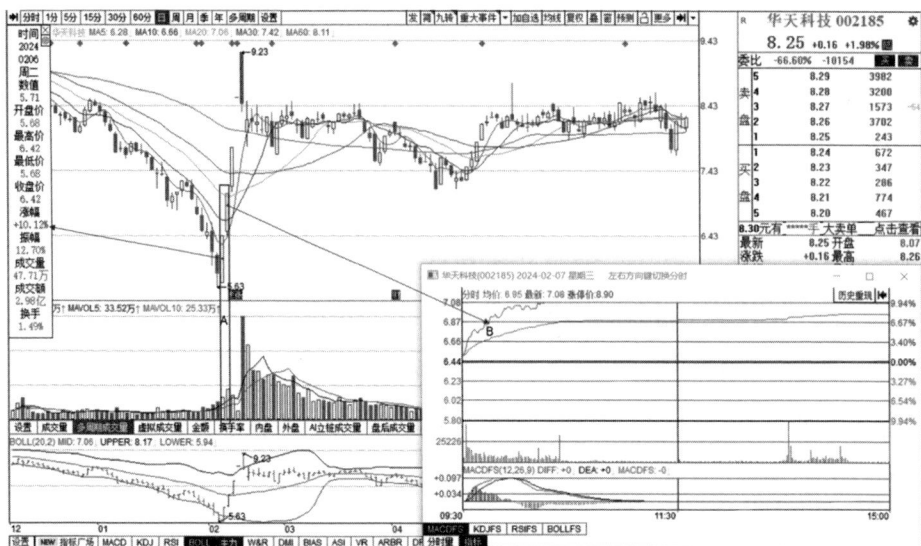

图6-12　华天科技日线图叠加2024年2月7日分时图

6.4.2　持续上涨类强势股的买股时机

投资者在根据云梯战法判断日线的买股时机时，若目标股为持续上涨类的强势股，由于这类股票在判断时需要2~3个交易日，所以其最佳的日线买股时机也是不固定的，为股价转强后的第2个交易日或第3个交易日。也就是在判断时，投资者应根据具体的量价形态，若是在强势后的第2个交易日即确认为了持续上涨类的强势股，则第2个交易日当日即为日线的最佳买股时机。但若是投资者直到第3个交易日才确认了股票为持续上涨类的强势股，则这第3个交易日的当日即为日线的最佳买股时机，具体的买入时机，出现在分时图上股价快速上涨且短期涨幅超过5%（创业板与科创板超过10%）处。因此，投资者在确认持续上涨类强势股的买股时机时，是以确认目标股为持续上涨类强势股的当日为准，即何时确认为强势股，则何时为最佳的日线买股时机。

实战案例：

如图6-13武汉凡谷（002194）日线图叠加2024年2月8日分时图所示，

在持续的弱势下跌中，当进入 A 区域后，股价出现了探低后的快速回升，收于一根小幅放量的中长阳线，其后又出现了一根平量状态的上升阳线，直到第三个交易日，股价再次高开放量高走，成交量小幅明显放量，形成了由三根 K 线组成的后一根实体在前一根实体之上的暴力反弹式上涨的阶梯式上涨的强势形态，这类股票的最佳买股时机，为 A 区域内最右侧 K 线处，即确认强势形态当日。当然，还是结合分时图强势最终确认，如这只股票，应观察 A 区域内最右侧 K 线当日对应的分时图上，若发现股价小幅高开一路震荡上行，且量能较均衡，应结合当日日线上的量价齐升状态，在发现日线与分时图同时表现为量价齐升时，只要分时图上股价涨幅超过了 5%，即应果断确认买股时机，并结合当日盘口强势状态，及时买入股票。

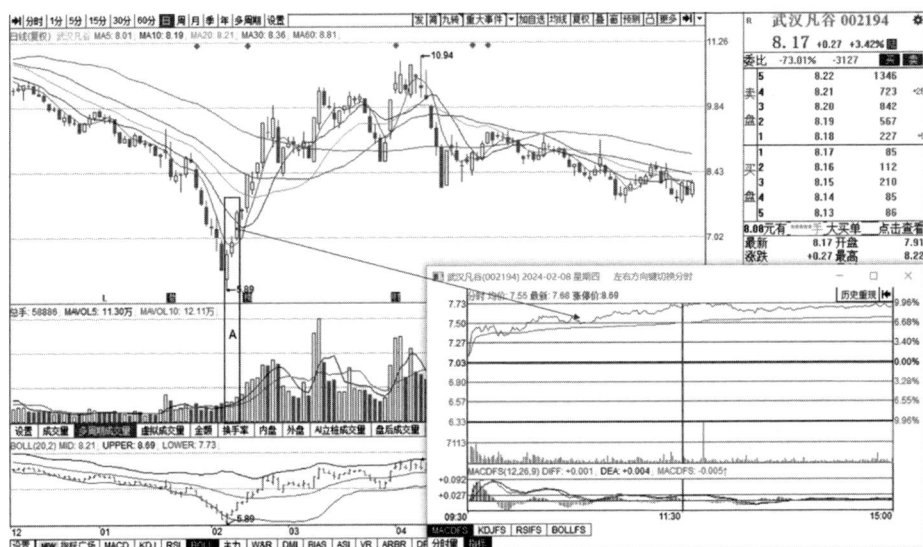

图6-13 武汉凡谷日线图叠加2024年2月8日分时图

注意事项：

（1）投资者在判断持续上涨类强势股的日线买股时机时，应以确认目标股为持续上涨类强势股的当日为准，即确认了强势股的当日即为日线的最佳买股时机。

（2）投资者在确认持续上涨类强势股时，无论是阶梯式上涨类的强势股，还是叠加式上涨类的强势股，上涨不是关键，关键是K线上涨时的成交量，即持续的大量状态或明显放量状态是否成立，成立之际即是确认为强势股之际，也就是日线的买股时机确认之时。

6.5 分时盘口强势状态

6.5.1 换手率明显放大

换手率，又叫周转率，是指市场上的股票在一定时间内转手买卖的频率，是反映一只股票流通性强弱的指标。通常来说，换手率越高，说明市场热度越高，多为热门股；换手率越低，说明股票市场资金关注度较低，多为冷门股。投资者在根据云梯战法买入股票期间，通常观察的是一只股票的日换手率，即一个交易日内的实际换手率。一般处于强势状态的股票，小盘股的日换手率必须达到即时状态的3%~5%，或是10%左右时，才较为健康，过高时则短线的风险就会加剧，而中大盘股的即时日换手率保持在1%~3%即可。因买入股票时是在交易日内，而非当日收盘时，所以，投资者观察到的日换手率的数值为即时换手率，非当日收盘后的换手率，即其后换手率还会出现变化，原则上，只要当时的换手率相对较高，证明股票较为活跃即可。

实战案例：

如图6-14东杰智能（300486）日线图叠加2024年6月28日分时图所示，在弱势震荡中，当股价在日线图上出现A区域内左侧的两根小幅放量的阶梯式上涨，且于下一个交易形成了明显的缩量一字涨停式上涨的强势买入形态后，应及时观察盘口的强势状态，通过观察发现，当日的换手率达到6.07%，属于健康的换手率明显放大，符合换手率的强势状态，这时应立即观察主力净流入状态。

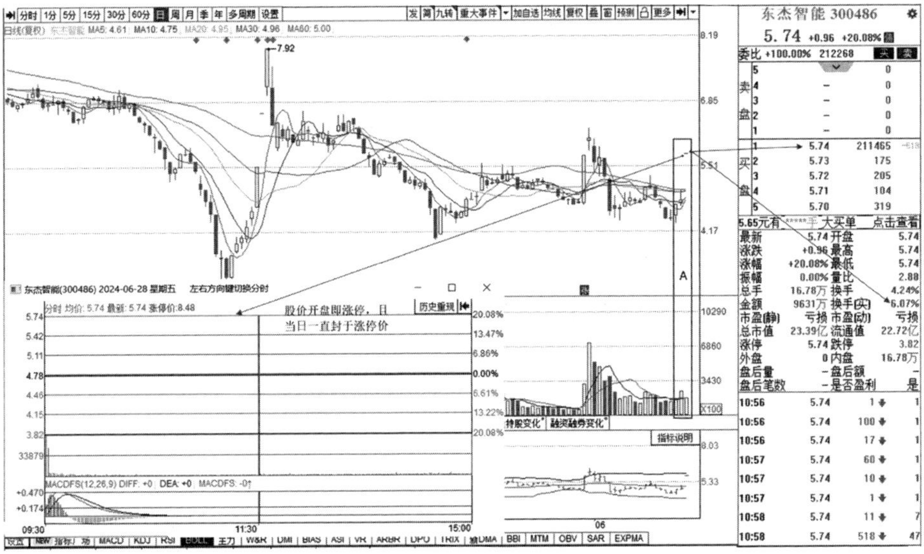

图6-14　东杰智能日线图叠加2024年6月28日分时图

注意事项：

（1）投资者在根据云梯战法买股期间，所观察到的日换手率为即时换手率，而非当日收盘后的换手率，所以，只要保持其换手率相对高，比较活跃即可。

（2）在观察换手率时，对于那些上市不久的次新股，其日换手率往往是较高的，一般保持在 20% 左右，甚至是更高，这主要是因为次新股容易受市场资金青睐，投资者在实战时一定要注意这一点不同。

6.5.2　主力资金净流入明显

主力资金的动向，往往是股价是否出现异动的根本原因，因此，在根据云梯战法实战买股期间，主力资金的短期明显变化，成为投资者观察的重点。当观察主力资金的动向时，应观察炒股软件 K 线图的右上方位置，主力资金的动向是以净流入的方式显现的，即数值为红色时所代表的是主力资金以净流入为主，为绿色时表现主力资金是以净流出为主。在实战买股期间，要求主力资金是以净流入为主，即主力资金净流入的数值为红色。一般小盘股流入只要达到 1 000 万 ~

3 000 万元即可，若是出现涨停波，只要主力资金是处于净流入状态即可。若是中大盘股，一般主力资金净流入水平略高，保持在 5 000 万元以上，甚至是上亿元，若是超级大盘股，往往流入的资金量会更大。

实战案例：

如图 6-15 东杰智能（300486）2024 年 6 月 28 日分时图所示，在前述内容中发现这只股票在满足了换手率明显放大的强势后，盘口显示，主力当日净流入资金量为 4 733 万元，为主力净流入明显的强势状态，可以放心买入股票，只是盘口股价一直封于涨停，未打开过涨停，所以是无法在当日买入股票的。

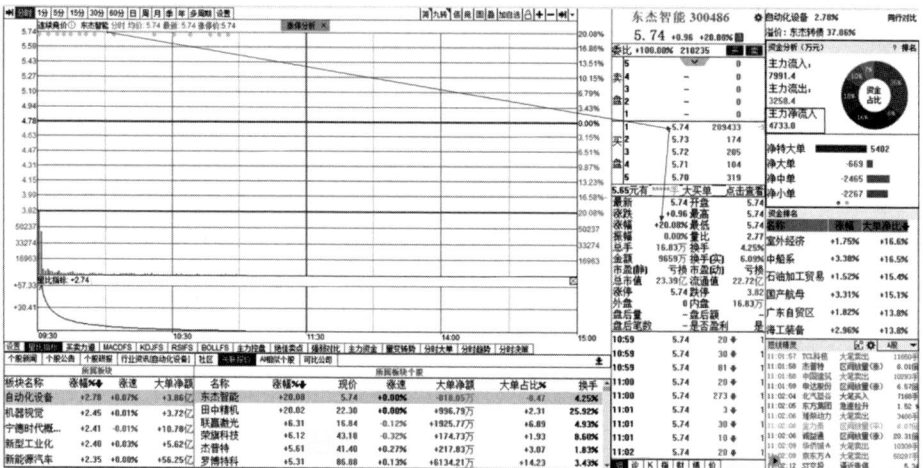

图6-15　东杰智能2024年6月28日分时图

注意事项：

（1）主力资金净流入是短线操盘时必须重视的一项盘口信息，值得注意的是，在炒股软件中它是以净流入的方式显现的，即无净流出数值，只有净流入数值，所以，数值为红色时为净流入状态，数值为绿色时为净流出状态。

（2）主力资金净流入只是盘口的一种参考信息，不可过于盲目看重这一点，因主力操盘时的手法不同，表现方式也不同，比如主力做强一只股票时，在早盘集合竞价阶段以大笔卖出为主，所以，开盘后即便是主力在全力做多，有时盘口依然显示主力资金处于净流出状态。

6.5.3 分时图股价强势明显

分时图股价强势是指在云梯战法实战买股期间，一旦日线图形成了买入形态，只要分时图表现为强势，即可果断买入股票，因此，分时图强势是一种买股时机的判断方法，总体而言，只要分时图表现为明显的量价齐升，或是强势状态，即符合要求。但因股价在强势状态下经常出现涨停，所以，在识别强势时，一定要留意涨停波的出现。因此，具体的分时强势形态包括：放量状态的股价线直线大角度上行的涨停波；放量状态的股价线震荡上行；量能均衡状态的股价线在昨日收盘线上方震荡略上行等。总之，只要分时图上表现为股价以阶段性或直接以大角度上行的方式出现，即为涨停波，只要期间放量明显即为抢板前操作的最佳时机。若是只表现为股价线在昨日收盘线上方的震荡强势状态，则为一般的强势状态，此时应结合日线强势来进行买入操作。

实战案例：

如图 6-15 中的东杰智能，其明显出现了直接以涨停开盘并维持涨停收盘的一字涨停，为无可争议的分时图强势状态。如图 6-16 新特电气（301120）2024年 6 月 28 日分时图所示，这只股票在 A 区域同样表现为股价线在昨日收盘线处平淡开盘后快速上行，然后展开了横盘震荡，若日线图一直为放量震荡状态，则同样可确认为分时强势状态。但这只股票在午后开盘后的 B 区域，出现了放量震荡上涨后的直线大角度上行的涨停波，同时，日换手率为 15.40% 的放大状态，对一只小盘股来说，当日盘口流入了 9 044.2 万元，主力流入较多，所以，这只股票同样表现为分时图股价强势明显、换手率明显放大、主力资金净流入明显的分时盘口强势状态，若日线图符合云梯战法的买股要求，该股同样是可以买入的强势股。

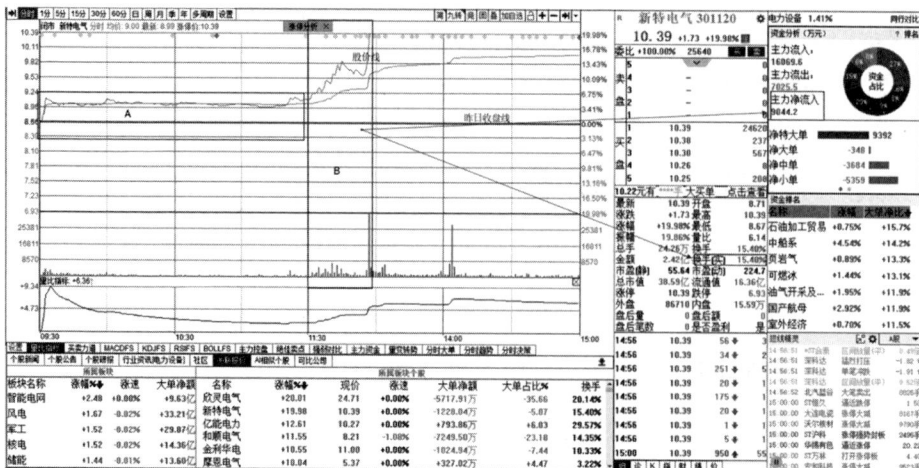

图6-16　新特电气2024年6月28日分时图

注意事项：

（1）分时图股价强势只有在日线图上形成了云梯战法的买入形态后才具有实际意义，投资者不可只根据分时图的强势来作为买入股票的参考依据。

（2）分时图上的股价强势主要包括：股价短期冲击涨停的局部放量的涨停波形态，只要股价线保持直线大角度上行即可；另一种强势状态为股价线位于昨日收盘线上方的强势震荡，此时无须分时放量明显，只要日线图放量明显即可。

6.6　买股步骤

6.6.1　日线买股时机的判断与分析

投资者在根据云梯战法买股实战期间，第一步就是对目标股进行观察，观察的是日线上的强弱，是否形成日线的买股时机，主要分为三个部分：一是观察日线图上是否形成了揭竿而起式上涨、主升浪式加速上涨、暴力反弹式上涨三种形态中的任意一种，一旦出现，就要即刻进入第二个部分的观察了；二是观察和判断是形成了无量一字涨停式上涨、缩量涨停式上涨、放量光头阳线式上涨等超强状态，还是形成了阶梯式上涨或叠加式上涨的强势状态，未形成时，即应保持持续观察与分析，一旦形成了任意一种强势状态，即应进入买股环节的第三个部分的分析与判断了；三是日线买股时机的判断，主要包括强势涨停股的买股时机判断与持续上涨类强势股的买股时机判断，无论哪一类情况，只要满足了日线买股时机的要求，就要及时进入下一个步骤的分析与判断了。

实战案例：

如图 6-17 金盾股份（300411）日线图所示，投资者在实战时，首先需要进行的，就是第一步对日线图买股时机的判断，如图 6-7 中所显示的一样，当股价在持续弱势中进入了 A 区域，先是出现了一根放量光头涨停阳线后，接着又出现了一根放量光头阳线，形成了揭竿而起式上涨中的阶梯式上涨的强势状态，满足了日线图强势买股时机的第一步，这时，即 A 区域内右侧 K 线当日开盘之际，即可进入第二个环节的判断了。

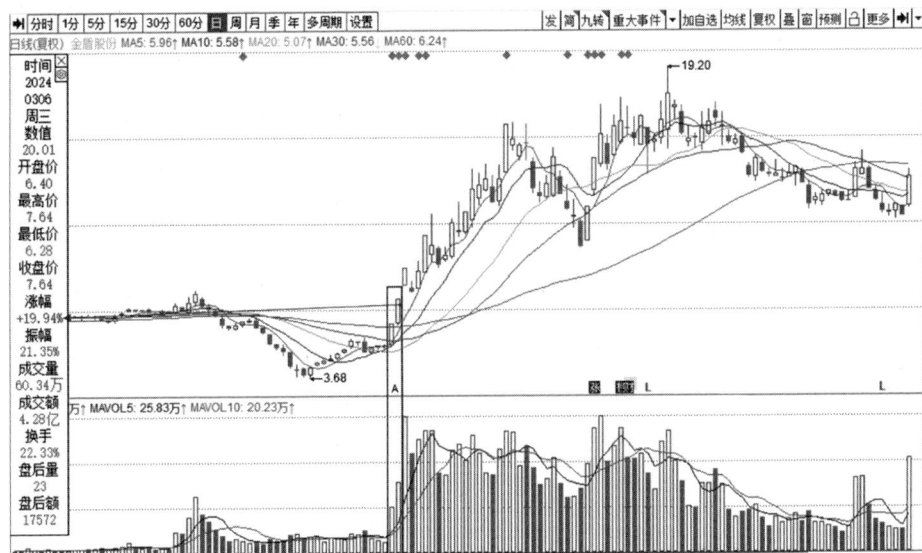

图6-17　金盾股份日线图

注意事项：

（1）在云梯战法实战买股期间，第一个步骤主要包括三个方面的内容：一是日线图买入形态的判断；二是强势状态与超强状态的确认；三是强势股买股时机的判断。这三个环节原则上不分先后，因几乎是同时形成的，只不过在观察与判断时要分步骤学习，实战时可同步进行。

（2）日线图买入形态的判断，主要包括揭竿而起式上涨、主升浪式加速上涨、暴力反弹式上涨三种情况，形成其中任意一种时即为符合要求，然后再进行强弱程度的判断。而在强弱程度的判断上，主要是判断股价短期的强势是否为超强状态，因超强状态的股票最容易出现快速涨停，所以只要发现，就要及时进入下一个环节，判断买入时机。

6.6.2　分时图判断股价强弱

投资者在根据云梯战法实战买股期间，若是完成了第一步日线图强势的判断与分析后，认为股价满足了要求，则应立刻进入分时图分析，以判断与分析股价短期的强弱程度。在这一环节，主要是分析股价在短期内是否形成了局部的明显量价齐升形态，如股价线大角度上行的放量上涨、股价线震荡上行的放量上涨、股价线在昨日收盘线上方的强势震荡等，观察的重点或关键，依然是强势的涨停波是否出现，即股价线大角度的直线上行状态，以及这种状态下的分时量是否有效出现了放量，一旦出现，往往意味着投资者需要在股价涨停前及时买入股票。因此，只要在分时图上出现了强势的涨停波，即应快速进入盘口分析短时强势状态。否则，则可以更为从容地在分时图强势状态中进入盘口分析短时强势状态的分析与判断，

实战案例：

紧接着上一篇内容，当图 6-17 中 A 区域右侧股价出现高开时，即可对其分时图进行强弱判断了，如图 6-18 所示的金盾股份（300411）2024 年 3 月 6 日的分时图正是图 6-17 中 A 区域内右侧 K 线当日的分时图情况，如图所示，当日股价线在昨日收盘线上方极近位置小幅高开后，出现了放量直线大角度上行，接着震荡后再次恢复了直线大角度放量上行，因此，为分时图强势状态的量价齐升，

应在股价恢复直线上行的 B 区域，及时进入第三个步骤，观察盘口信息的短时强弱，以确认最佳的买股时机。

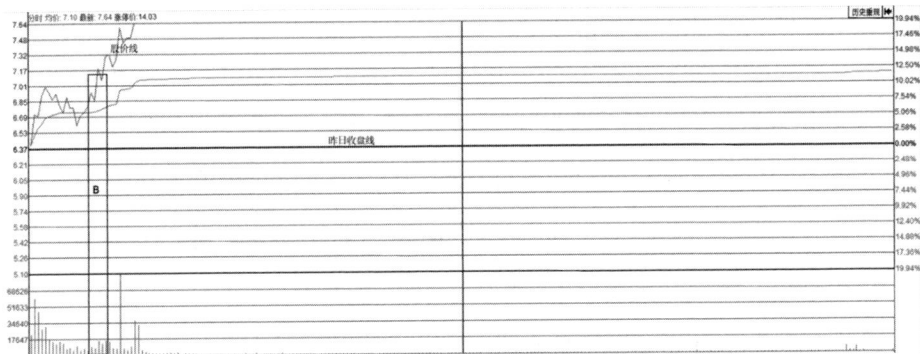

图6-18　金盾股份2024年3月6日分时图

注意事项：

（1）分时图股价强弱的判断，主要是判断股价短期或局部是否形成了强势向上的冲击波，即量价齐升的局部爆发：股价线大角度直线上行的涨停波的出现，以及股价线在昨日收盘线上方的强势状态。

（2）如果在分时图股价强弱判断环节，投资者发现目标股只是形成了股价线在昨日收盘线上方的强势状态，则需要结合日线图来确认最佳买点。

6.6.3　盘口分析短时强势状态

投资者在根据云梯战法实战买股期间，一旦完成了日线图买股时机的判断与分时图股价强弱的分析与判断后，就要及时进入盘口的短时强势状态分析。在这一环节，观察的主要是 K 线图右侧的盘口信息，主要包括两个方面的内容：一是主力资金净流入状态，二是换手率明显放大。可通过日线图的右侧进行观察，也可以通过分时图的右侧进行观察，显示内容是一样的。只要通过观察发现，当日的即时换手率保持在相对放大的活跃状态，又没有过于放大，如达到了 10% 以上，同时，主力是以净流入为主的，且流入的资金量相对多时，则说明符合了盘口短期强势的要求。这时，投资者则无须再观察与犹豫了，直接按照现价交易的原则，根据当时的委卖 1 显示的价格，直接提交委买单，以快速完成买入股票的交易。

实战案例：

如图 6-19 金盾股份（300411）日线图叠加 2024 年 3 月 6 日分时图所示，在此，依然接着上一篇文章的内容，在发现分时图 B 区域的强势依旧时，观察这只股票的盘口信息会发现，这是一只流通股只有 3.06 亿股的小盘次新股，当时的换手率出现了明显的放大，主力净流入十分明显，日净流入量达到了 25 940.4 万元，流入量较大。因此，符合盘口短时的强势要求。投资者应在图 6-19 中的 B 区域，即股价短期涨幅超过 10% 时，果断买入这只股票，以完成一轮买股的操作。

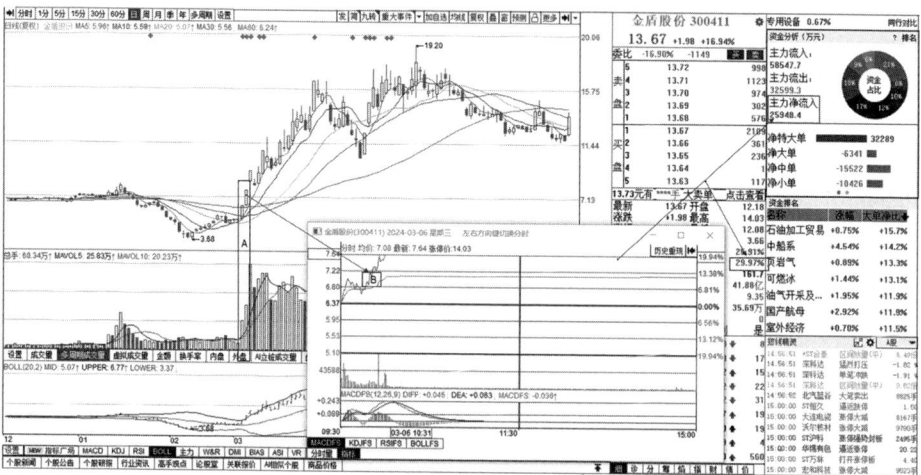

图6-19　金盾股份日线图叠加2024年3月6日分时图

注意事项：

（1）盘口分析主要是对股价短期数据强弱的分析，主要包括两个数据：一是日换手率的分析与判断，二是主力净流入状态的观察与分析。因此，在这一环节，只要是这两个数据都显现为短期的强势特征，即应果断买入股票。

（2）投资者在盘口分析环节，一定要留意一种超强状态时经常出现的情况，就是分时强势明显时，主力资金动向却是大笔净流出为主的。这主要是由于早盘集合竞价时，非主力在大举净流出，是出于操盘角度考虑的，因股价在封板期间，是要以涨停价挂单以实现封板的，所以资金量必然是要大的。

6.7　实战要点

6.7.1　买股时必须在选股基础上对目标股进行分析判断

投资者在根据云梯战法实战买股期间，在观察买股时机时，一定要确保所观察的目标股是经过严格的选股后符合选股要求的，因为若是目标股不符合选股要求，即便是此时出现了股价的快速启动，也很难确保其后强势能够持续，也就是很难保证买入股票后的资金安全。这是因为，云梯战法的选股不仅仅是从趋势演变的角度出发的，而是还经过了基本面的严格筛选，其业绩是有着中长期良好的保障的。而对于资金市场上的股票，只有有公司业绩作为保障，其股价才能够在不偏离过大的情况下，根据涨跌规律进行趋势上的演变。因此，投资者在买股前，一定要确保对目标股在选股基础上进行严格的分析与判断，并在其完全符合技术面＋基本面的选股要求后，再去进行观察和判断。

实战案例：

如图 6-20 美信科技（301577）日线图所示，投资者在 A 区域根据云梯战法中的叠加式上涨的强势状态买入这只股票前，必须进行严格的选股操作。而就这只股票而言，因是上市并不长的股票，所以在日线图上即可观察到其上市后几乎所有的走势。通过观察发现，这只股票在上市后并未出现持续上涨，而是出现了持续大幅的下跌，并在破发后创出了 38.3 元的历史新低，而后一度出现了大幅震荡，最终转为小幅震荡，符合技术面弱势选股要求。

再通过图 6-21 对美信科技在财务分析中的表现进行观察可以发现，在2021—2023 年，公司净利润一直保持在 5 000 万 ~7 000 万元；基本每股收益保持在 1.6~2.1 元；净资产收益率一直保持在 13%~24%；资产负债率一直保持在30%~50%。因此，这家公司属于业绩稳定的上市公司，能够持续健康发展，因此，是符合基本面选股要求的。

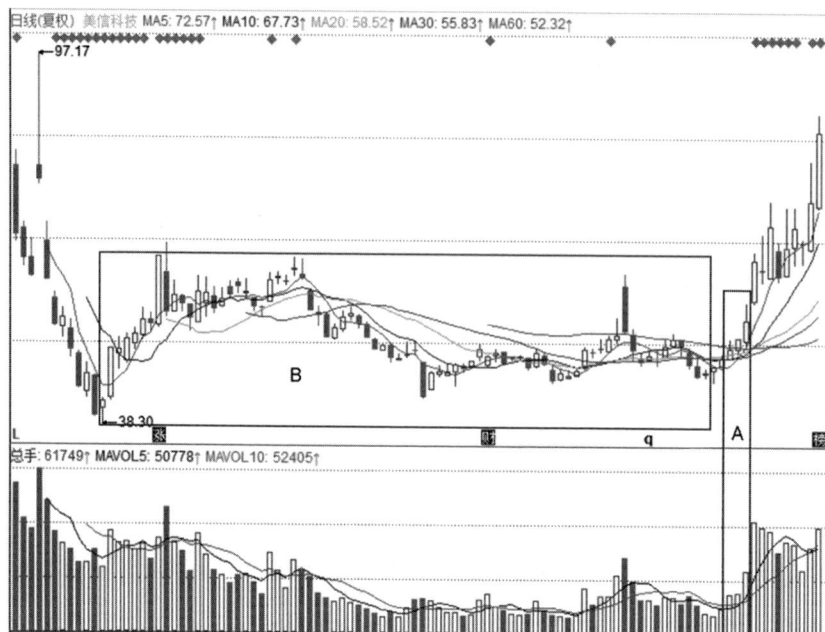

图6-20　美信科技日线图

图6-21　美信科技财务分析

综合以上技术面与基本面的分析，美信科技这只股票在图 6-20 中的 A 区域之前，是符合选股要求的目标股，因此，当 A 区域出现云梯战法中的阶梯式上涨的强势形态时，是完全可以买入的。这就是在选股基础上，通过对目标股的持股观察而在其强势时做出买股决定的情况。

注意事项：

（1）在云梯战法实战买股期间，不是不允许目标股是刚刚选出来的股票，而是尽量不要如此做，尤其是对云梯战法的技术掌握不够熟练的投资者，因如此做时很难完全根据要求去判断与分析，一旦遗忘了某一点，则极有可能是致命的，会直接影响到其后的操盘效果。

（2）云梯战法的选股标准，是既要符合技术面弱势的要求，同时，又要符合长期基本面的强势，因为只有这类股票在趋势转强时，其强势持续走强的概率才高，短期涨幅才更为可观，所以，在实战买股时，一定要确保目标股符合选股要求。

6.7.2 若买入次日失败后应及时卖出

投资者在根据云梯战法的买股要求买入一只股票后，若是在买入的第二个交易日内，股价并未如期上涨，而是出现了大幅的下跌，则应果断卖出股票。因为这种情况，说明前期买入形态出现时的持续上涨并不真实，或是只是股价短期的震仓整理，而非主力在发动强势上涨，所以，必须短线及时撤出来，以免经受主力洗盘的折磨。同时，及时卖出股票，也能够在发现其他强势股后及时买入，不会影响到其他的短线操盘。因此，失败并不可怕，关键是自己一定要敢于在第一时间勇于承认操盘的失败，并及时做出卖出股票的决定，纠正这一错误与失败的操作，让短期股票的投资回归正常的操盘状态。

实战案例：

如图 6-22 捷邦科技（301326）日线图所示，若投资者在观察这只目标股期间，发现在 A 区域内右侧 K 线当日，这只股票呈现出了叠加式上涨的量价齐升，及时买入了这只股票，但发现股价在 A 区域内右侧 K 线当日未收出涨停，而是在 B 区域出现了大幅下跌，此时应及时卖出股票，因这说明 A 区域的买入失败了，及时卖出是为了其后再强势启动，或是发现其他目标股的强势时，能够有资金和精力去投入。

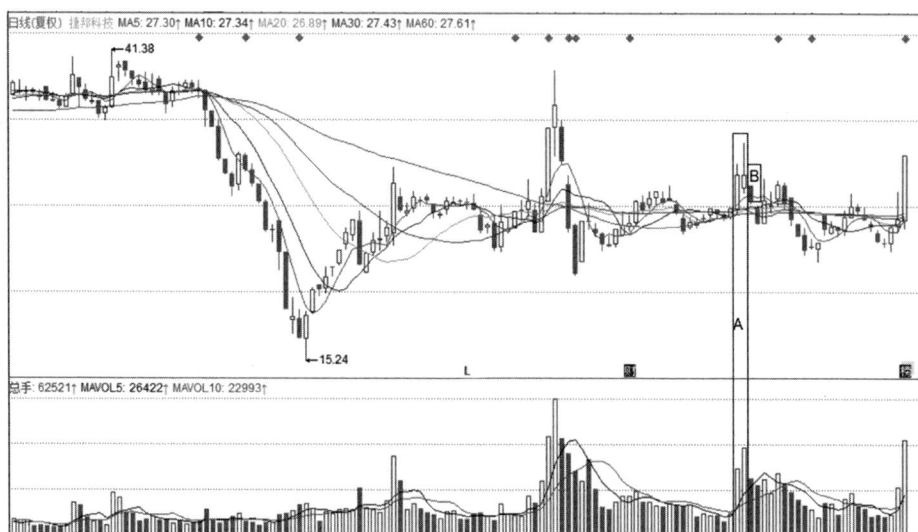

图6-22　捷邦科技日线图

注意事项：

（1）投资者在根据云梯战法买股期间，买入失败的原因很多，因为买入股票时，更多依赖的是观察、判断与分析，所以，难免会因人为的某些因素造成买入的时机过早而导致变盘的失败。因此，失败后不要埋怨，而是要通过及时卖出股票的行为来纠正之前的错误行为。

（2）对于云梯战法的实践者而言，买入失败后及时卖出股票虽然是一种及时纠错的行为，但是在卖出股票后一定要学会总结，仔细找出造成失败的原因，然后在下一次交易期间，及时改正过来，这样时间一长，自己的投资水平也会得到长足的进步。

6.7.3 买股时一定要坚守交易策略中的交易原则

投资者在根据云梯战法实战买股期间，一定要严格遵守交易策略中所有涉及交易的交易原则，主要是一些关于买入交易的交易原则，主要包括：不强不买、超强超买、勉强不买三个交易原则，同时还包括：趋势明朗后再买入、买入交易时要果断和现价交易原则中的现价买入原则三个方面的内容，因为这些内容都是具体规范买入股票交易行为的一些准则或纪律，是为了确保买入交易是正确的、合乎买股要求的。因此，只要投资者在买股时完全遵循这些买股交易原则，并严格按照买股步骤的要求一一执行与落实，则买入的股票均会获得相应的收益。

实战案例：

如图 6-23 满坤科技（301132）日线图所示，若是投资者在观察这只目标股准备实战买股时，一旦在 A 区域发现股价出现小幅放量长阳后再次出现一根阳线，看似为暴力反弹式上涨的阶梯式上涨，但第二根阳线未涨停，且量能与上一个交易日持平，即放量不大，有些勉强，这时应坚守勉强不买的买入原则，放弃买入。其后的弱势震荡中，进入 B 区域后，股价再次出现由两根 K 线组成的阶梯式的上涨状态，但量能为地量状态，表明股价为不强的状态，这时同样要遵守不强不买的买入原则，再次放弃买入。直到其后的 C 区域，当出现叠加式上涨的强势状态时，成交量出现持续明显的大幅放量上涨，表明股价的短期走势很强，应遵循超强超买的原则，及时买入这只股票。这就是在坚守交易原则基础上进行不买和买股的操作。

注意事项：

（1）在云梯战法中关于买股相关的交易原则，主要包括趋势明朗后再买入、买入交易时要果断、现价交易原则、不强不买、超强超买、勉强不买六条交易原则，所以，投资者在实战买股时要养成一一对照后再交易的习惯，时间一长即会将这六条交易原则刻在脑子里。

（2）交易原则是指导交易规范化落实的引路灯，目的是让投资者正确合规地进行交易，所以，在股票交易中，尽管行情的分析、观察和判断是灵活的，但所产生的一切买入与卖出交易的行为却应当是客观的，投资者只要按规定执行与落实，就能够获得相应的收益。

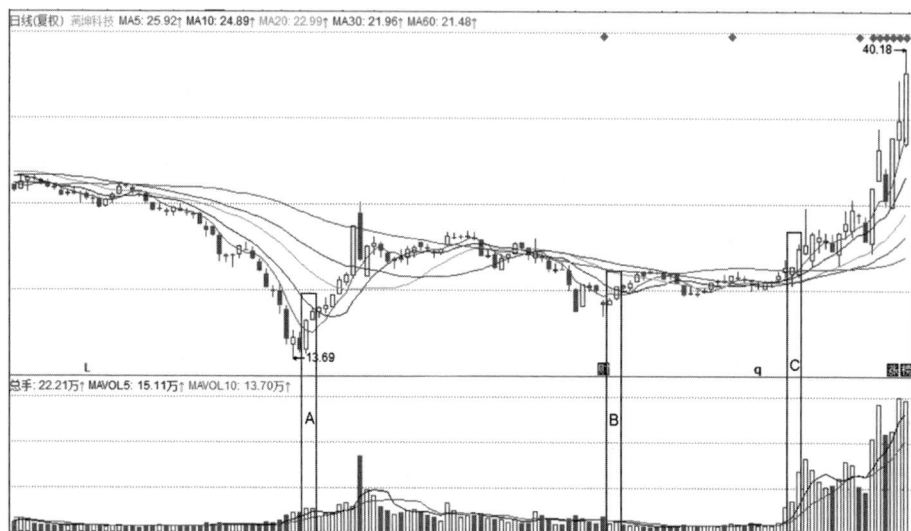

图6-23　满坤科技日线图

第 7 章

持股：
懂得持股才能获得收益

投资者在学会买股后，还要学会持股，懂得在什么情况下必须保持持股，才能最终取得较高的收益。因为即便是你再会买股，但若是不懂得持股的技术，一见到盘中的风吹草动就卖出股票了，那再牛的股票，买到了手里，依然无法实现获利。因此，持股才是对投资者炒股技术水准的终极考量，因为敢持股的决心，绝不是一咬牙、一跺脚就能下得了的。

7.1 持股原则

7.1.1 持股存在继续上涨的动能

投资者在根据云梯战法买入一只股票后，在确认是否继续持股时，一定要坚持一个持股原则——所持有的股票，只要是存在继续上涨的动能，就应保持持股，一直到其上涨动能消失。这是因为，当持股出现短暂的回调时，如果其上涨动能没有消失，则短期很快又会回到强势的上涨中，一旦卖出股票，则会减少持股的收益。所以，投资者在买入股票后的持股过程中，在持股出现了短期的波动时，若观测到持股存在继续上涨的动能，则一定要坚定持股的信心，不能轻易卖出股票。

实战案例：

如图 7-1 天孚通信（300394）日线图所示，投资者若是在 A 区域根据云梯战法买入了这只股票，在其后的持续上涨中，发现这只股票在 B 区域、C 区域、D 区域和 E 区域，股价只是短线上出现轻度的震荡，且时间极短，说明这只股票依然存在着继续上涨的动能，因此应坚守持股存在继续上涨动能的持股原则，保持坚定持股。果然，在其后，股价很快恢复了上涨，直到 F 区域股价形成了云梯在空中漫步时方可结束持股。

注意事项：

（1）投资者在坚守持股存在继续上涨的动能的持股原则时，一定要明白什么样的情况说明股票存在继续上涨的动能：一是股价盘中总是表现为上涨放量、下跌缩量；二是股票总是表现为涨多跌少；三是股价不轻易跌破短期强势线。

（2）投资者在判断股价是否跌破了短期强势线时，一般以 5 日均线为主要参考对象，即股价上涨时从不轻易跌破 5 日均线，即便跌破也是时间极短的。在分时图上，股价收盘一般总是在昨日收盘线之上，只是盘中出现了短时的跌破，也就是股价总是持续刷新着前期高点。

图7-1 天孚通信日线图

7.1.2 持股能持续盈利

投资者在根据云梯战法买入了一只股票后，判断是否持股时，也一定要坚守另一条持股原则，就是所持有的股票能够持续盈利。这是因为，若是持有的股票能够保持着持续盈利的状态，即便是盘中出现了小幅的波动，也不会影响到自己的收益，所以，必须坚定地保持着持股状态。持股能够持续盈利状态出现时，往往是股价在盘中出现了一定幅度的波动，但收盘总是能够出现高收，所以，尽管高收的幅度小也是无关紧要的；或是股价下跌时幅度较小，时间短，当日或下一个交易日就恢复了强势。因此，一定要坚定持股，不可轻易卖出股票。

实战案例：

如图 7-2 航新科技（300424）日线图所示，若投资者在 A 区域根据云梯战法买入了这只股票，在其后 B 区域与 C 区域股价出现盘中震荡时，发现量能并不大，且只是盘口股价出现了短时的涨跌，幅度并不大，下一个交易日即恢复了上涨，说明持股能够保持持续盈利状态。因此，投资者应坚守持股能持续盈利的持股原则，在 B 区域与 C 区域始终保持持股状态。

图7-2　航新科技日线图

注意事项：

（1）在判断持股是否能够持续盈利时，主要看账户内的资金是否在持续增长，若是持股收益在持续增长，哪怕幅度较小也无须计较，只要安心持股即可。

（2）在判断持股是否能够持续盈利时，另一个方法是观察股价的重心，若股价重心在不断向上移动，哪怕是盘中出现了一定幅度的波动，也无关紧要，因为股价是处于强势上涨中，只不过是上涨的幅度有大有小，但这并不影响收益的持续增长。因此，只要持股能够持续盈利，即应安心持股。

7.2　持股时股票的健康形态

7.2.1　持续强势涨停

当投资者根据云梯战法买入一只股票后，若是所持有的股票出现了持续强势涨停，说明这只股票是真正处于短线极强的趋势中，不管之前的趋势是弱势形成的反弹，还是弱势的突然启涨，也不管这只股票的技术指标形态如何，只要是股价在持续强势涨停，就不要轻易卖出股票，哪怕是期间出现了一波快速下探，只要股价很快就恢复了强势上涨，即应保持继续持股，因持续强势涨停是最强的一种股票健康上涨形态。

实战案例：

如图 7-3 亚世光电（002952）日线图所示，若投资者在 A 区域以阶梯式上涨的强势状态买入了这只股票，在其后的上涨中，发现这只股票表现出持续的超强状态，在 B 段上涨走势中，出现了持续涨停，说明这只股票短期处于超级强势状态，为股价上涨趋势中一种健康的上涨状态，因此，投资者应在 B 段走势中保持坚定的持股状态。

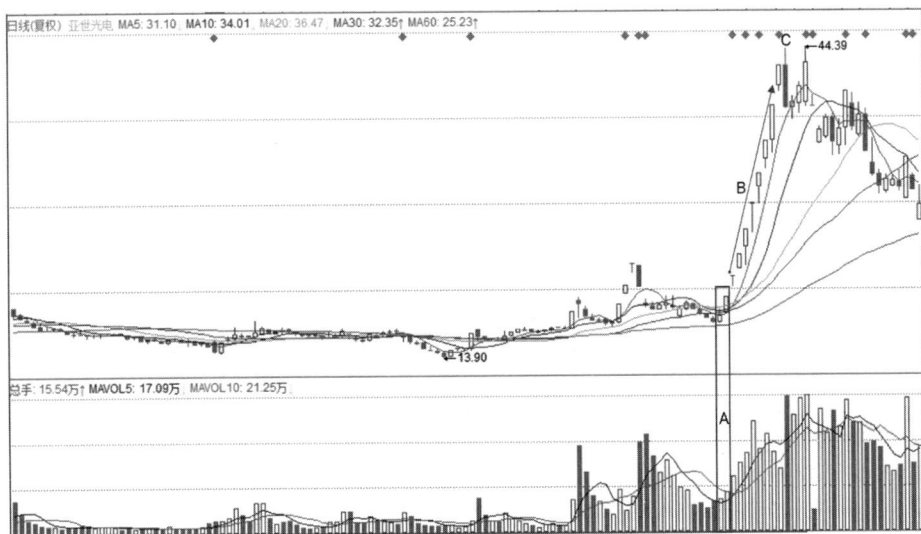

图7-3　亚世光电日线图

注意事项：

（1）在股票持续强势涨停期间，最强的状态往往是一字涨停板，这类形态只要出现，不管出现多少个一字板，投资者均不可恐高，只要是不打开一字板，或是打开后又快速封上，就无须担心，保持继续持股即可。

（2）若是所买股票出现持续阳线涨停，只要盘中下跌时幅度不是很大，且量能也不是很大，且下跌的时间很短，就不必惊慌，也不要在股价快速止跌回升时赶紧卖出股票，因为强者恒强是股市不变的道理。

7.2.2　持续震荡上涨

投资者在根据云梯战法买入一只股票后，若是股票出现了持续震荡上涨，说明股价进入了一种相对缓慢的健康上涨状态，只不过相较于持续涨停类的股票，持续震荡上涨的幅度略小而已，但只要这种状态依然在继续，则后续涨幅必然会持续扩大，因股价毕竟处于强势上涨状态，震荡上涨只不过是缓慢上涨的表现，而强势上涨中的股票，迟早会加速上涨，即便是未出现加速上涨，若震荡上涨持续的时间较长，同样会获得巨大的收益。因此，一旦持股出现了持续震荡上涨，哪怕幅度较小，也不要轻易卖出股票，而要保持安心持股，因持续震荡上涨说明股价上涨动能依然存在，持股也能够持续盈利。

实战案例：

如图 7-4 道氏技术（300409）日线图所示，若投资者在 A 区域根据云梯战法中的暴力反弹式上买入了这只股票，在其后的上涨中，发现这只股票出现了持续上涨后的小幅下跌，而后又恢复了上涨，但上涨后又出现短时的下跌，并再次恢复上涨，如此循环，股价形成了震荡上涨状态，调整低点在不断抬高，高点也在不断创出新高，因此，从 A 区域到 B 区域的这一段上涨行情，为股价在上涨趋势时出现的健康上涨，因此，投资者应在此期间始终保持持股状态。

注意事项：

（1）投资者在持股期间，一旦所持股票出现了持续震荡上涨，往往说明股价的强势状态略差，但并不能表明股价未处于强势状态，而持续震荡上涨同样是一种健康的股价上涨形态，只不过上涨的幅度略小而已。

（2）持续震荡上涨类股票，多数是一些中大盘股，因中大盘股的业绩相对稳定，其股价一旦转强，也不会像小盘股一样持续强势上涨，而是以更为缓慢的方式持续上涨，因其流通盘大，主力操盘时的资金量要求较大，所以不能如小盘股一样持续涨停。

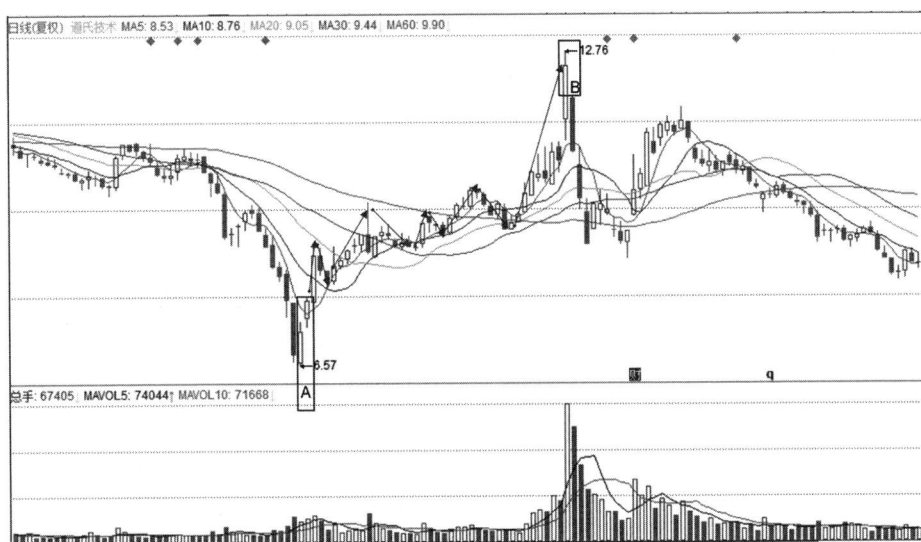

图7-4　道氏技术日线图

7.2.3　上涨放量、下跌缩量的锯齿式上涨

当投资者根据云梯战法买入一只股票后，若是这只股票的股价表现为上涨放量、下跌缩量的锯齿式上涨，则说明这只股票进入了一种主力边拉边洗的状态，通过持续的上涨然后适度回调的方式，及时消化掉一些短线的获利盘，筹码在持续上涨中的这种持续交换，会保持持有这只股票资金的鲜活度，反而更有利于其后股价的持续上涨。因为盘中资金的短期反复进出，使得多数持有这只股票的资金成本都相对接近当前的股价，投资者对股价的短期预期会很强烈，势必使得股票短期内受到市场的关注大幅提高。从这种锯齿式上涨来看，这类股票往往与持续强势上涨类的股票处于一种基本相近的状态，这也是股价相对稳定和健康的一种上涨方式，所以，投资者同样要保持安心持股。

实战案例：

如图 7-5 伊之密（300415）日线图所示，若是投资者在 A 区域根据云梯战法阶梯式上涨买入了这只股票，发现在其后的上涨中，当进入了 B 区域、C 区域和 D 区域后，该股表现为明显的股价一上涨即成交量就明显放大，而一旦股价下跌，又会出现成交量明显持续缩减的情况，为明显的上涨放量、下跌缩量的锯齿式上涨，为股价在上涨趋势中表现出来的健康的上涨方式。因此，投资者在此期间，一定要保持持股状态，直到 E 区域形成卖出形态时，方可中止持股。

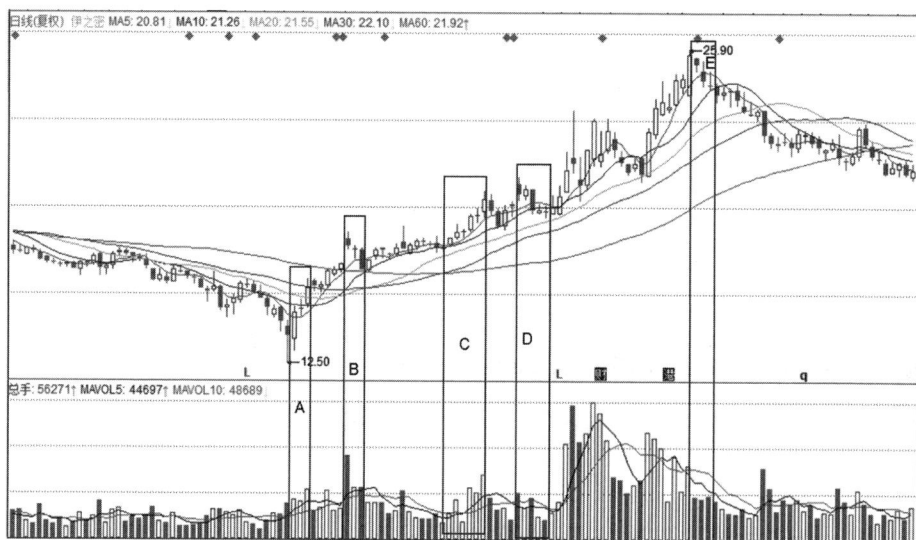

图7-5　伊之密日线图

注意事项：

（1）上涨放量、下跌缩量从短线来看，是一种强势表现，但要确保其强势，则需要股价处于一种涨多跌少状态，而锯齿式上涨正好说明了这一点，所以，上涨放量、下跌缩量的锯齿式上涨是一种健康的股票上涨状态，应保持持股。

（2）上涨放量、下跌缩量的锯齿式上涨同样多出现在一些中大盘股身上，或是一些长牛股身上，因此，投资者若是短线买入股票后发现该种上涨形态，也可以适当更改一下持股思路，不妨略加大持股的波段周期，直到其上涨波段结束后再卖出股票，这样收益反而会更大。

7.3　主力洗盘时的两种方式

7.3.1　强势洗盘

对于短线强势股来说，强势洗盘往往是主力最喜欢使用的一种方式，因强势洗盘由于其所消耗的时间成本较短，且短时股价大起大落式，很容易达到将多数不坚定的投资者快速洗掉的效果，所以，强势洗盘在近几年经常出现。所谓的强势洗盘，主要有两种方式：一是天地板或地天板式的暴力洗盘，当股价在上涨状态中时，突然出现了无来由的快速下跌，并快速跌停，盘中甚至是放出类似于卖点时的大阴量，然后又出现了大幅低开或下跌后的几乎直线式的上涨，或者是在同一个交易日内，股价出现了快速跌停后的快速拉起涨停，或是先出现涨停，然后又出现跌停，也就股价在一到两个交易日内出现由涨停到快速跌停，又由跌停到快速涨停的蹦极式跳跃；另一种是空中加油式洗盘，这种方式相对于天地板洗盘要温和许多，但同样杀力较强，即股价在明显的跳空高开高收后，在相对高位出现了 1~5 个交易日的涨跌各现的阴线或阳线，但只要是未完全回补这一跳空高开的缺口，即可确认为空中加油式洗盘，应安心持股。

实战案例：

（1）暴力洗盘。如图 7-6 西麦食品（002956）日线图所示，若是投资者在 A 区域根据云梯战法中的阶梯式的暴力反弹式上涨买入了这只股票，在其后的上涨中，当进入 B 区域后，股价出现了跳空高开的上涨，且快速上冲后出现了快速回落，形成了一根上影线极长的阴线，同时，成交量表现为一根上到显示区域顶部的天量阴量，从形态上看，此形态完全符合卖股时的量价形态，尤其是其后出现的向下跳空阴线，更是符合云梯战法中云梯直接下一个台阶的要求，因此，投资者即便卖出了股票也属于正常的操作。但就此形态本身来观察，调整仅仅出现了两个交易日，且是股价先行大幅上拉的情况下出现的下跌，所以，股价仅是在第三个交易日再下探并跌破了 5 日均线，只是针对 5 日均线和其下方的 10 日均线的短期调整，属于主力洗盘时的一种通过巨量调整的暴力洗盘方式，所以，实战期间投资者若无法有效识别出主力的洗盘行为而卖出了股票，也不是一种错误，只是记住一点，既然卖出了，其后就不可再接回来，尤其是股价在大幅上涨后，一定不可再买回来。

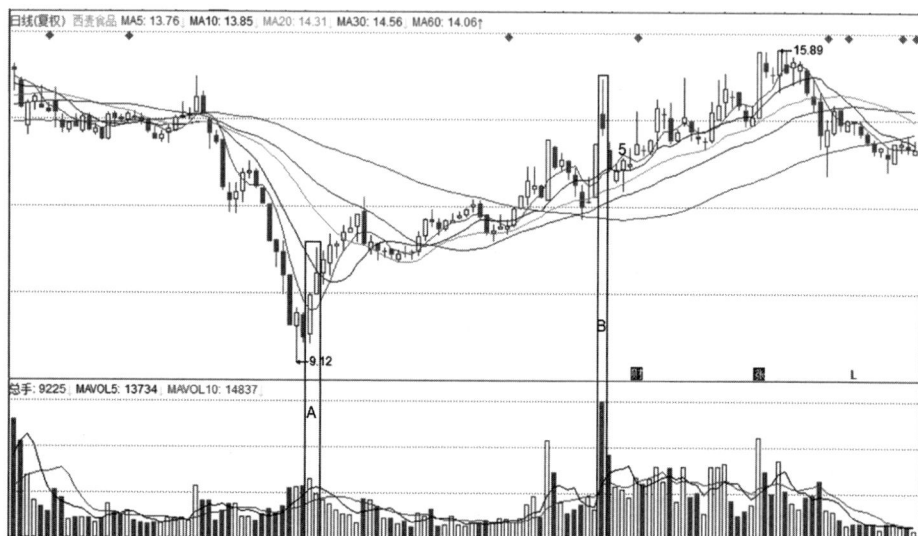

图7-6　西麦食品日线图

（2）空中加油洗盘。如图 7-7 浪潮信息（000977）日线图所示，若投资者在 A 区域根据云梯战法买入了这只股票，在其后的 B 区域，股价先是出现了明显的跳空高开，留下了一个向上的跳空缺口，收于一根阳线，然后开始了震荡，并快速结束了震荡，继续上行。B 区域的这种先是跳空高开而后所形成的震荡，即是空中加油的洗盘方式，是主力在上涨期间股价加速上涨时经常采用的一种强势洗盘方法，只要是股价在跳空高开后的震荡中，未完全向下回补掉这一向上跳空缺口即结束震荡，则表明为强势状态，否则一旦完全回补掉，往往短线的强势就相对弱了。因此，B 区域为主力在强势洗盘，投资者应继续安心持股。

图7-7　浪潮信息日线图

注意事项：

（1）强势洗盘是主力在短时间内利用资金优势所营造出来的一种股价短期弱势的假象，目的是吓跑不坚定的低价持有股票的投资者，因此，在强势洗盘中，无论股价表现得如何上蹿下跳，未来的继续上涨才是终极目的，所以，只要确认了主力是在强势洗盘，就应保持持股。

（2）近几年，主力操盘时经常采取天地板的方式暴力洗盘，且洗盘时所表现出来的量价形态与卖点时的量价形态几乎无异，甚至是有过之而无不及，所以，即便是投资者未有效识别出主力是在强势洗盘，被洗出了局，也无妨，既然是卖出了股票，短线上则不应再买回来。

7.3.2　弱势洗盘

相对于强势洗盘来说，弱势洗盘从力度与幅度上均温柔了许多，通常主力洗盘都是以短线洗盘为主，因此，股价的短期跌幅往往不大，仅仅会向下跌破或是接近 5 日均线，然后即展开回升，因为越是短期强势的股票，在上涨期间的主力洗盘一般均不会回撤过大，以免让散户低位买入低廉的筹码。因此，越是短线强势上涨的股票，往往主力在弱势洗盘时不会下跌过猛，一来是防范散户低位买进，二是以免因洗盘过度而造成趋势变弱，若是主力筹码未高度集中，洗盘时过度下跌，会导致盘中筹码大举松动，从而影响到股价的上涨走势。因此，为主力弱势洗盘时，往往是股价在一个交易日内上下大幅浮动，或是单日内弱势整理，即分时图上股价线出现上蹿下跳式的波动，或是股价线长久在昨日收盘线下方震荡整理，但往往波动过后，股价会很快回到正常的强势状态，即回归到昨日收盘线的上方。这是识别短线主力弱势洗盘的有效方法。

实战案例：

如图 7-8 青岛银行（002948）日线图所示，若是投资者在 A 区域根据云梯战法中的阶梯式上涨买入了这只股票，其后股价在震荡下跌中进入了 B 区域后，投资者发现股价事实上下跌的幅度是极小的，且仅仅是快速跌破 5 日均线后于下一个交易日又快速回升到了 5 日均线之上，只是短时的针对 5 日均线的调整，为主力弱势洗盘的征兆。所以，投资者应保持持股状态。

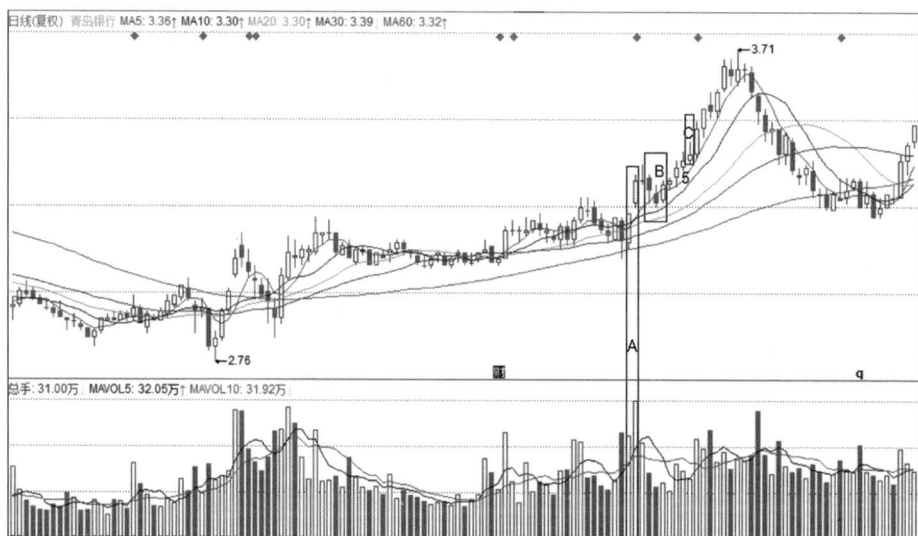

图7-8　青岛银行日线图

如图 7-9 青岛银行（002948）2024 年 5 月 15 日分时图所示，对于图 7-8 中 B 区域后的 C 区域，观察当日的分时图即可发现，股价在日线上的上影线较长，但到了分时图上，发现股价只是轻微地小幅震荡，左侧的上午只是针对昨日收盘线的小幅震荡整理，午后股价即上涨到昨日收盘线的上方，保持了强势震荡的状态。因此，投资者依然可确认图 7-8 中 C 区域是一种主力的弱势洗盘行为，应继续保持坚定持股。

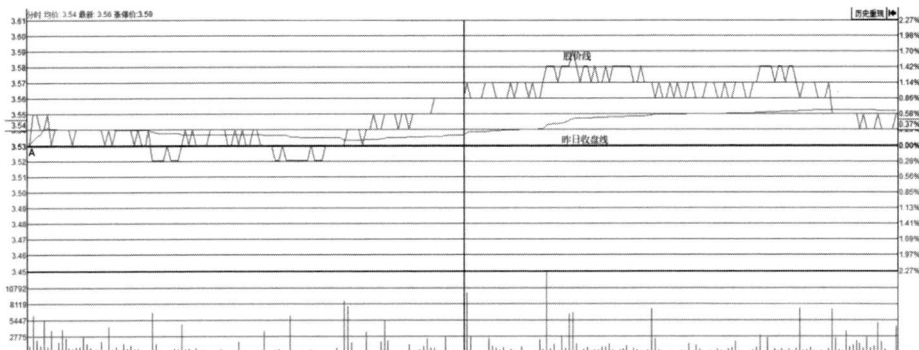

图7-9 青岛银行2024年5月15日分时图

注意事项：

（1）在主力弱势洗盘时，一般在日线上不过 1~3 个交易日的时间，且下跌幅度也不会过大，通常在跌破 5 日均线即出现回升。因此，若日线上主力弱势洗盘时间过长，或是幅度过大，力度达到了卖点时的量价形态时，应果断中止持股，及时卖出。

（2）通常越是短线强势的股票，主力在弱势洗盘期间，往往是单个交易日内的上下波动，在分时图上经常表现为股价线在昨日收盘价上下反复大幅涨跌，或是在昨日收盘线下方弱势震荡，但最终会回归到昨日收盘线上方，否则就应视为弱势。

7.4 实战要点

7.4.1 涨多跌少是洗盘的主要表现

投资者在根据云梯战法买入了一只股票后，在持股期间判断是否要继续持股时，应从股价整体的表现出发，若是发现无论股价在盘中如何上下大幅波动，只要是收盘时表现为整体上涨多下跌少，K线重心在不断向上移动，就说明期间股价上蹿下跳式的波动，不过是主力有意在洗盘。这时候投资者即应安心持股，而不要为盘中股价的大幅波动担心，卖出股票。

实战案例：

如图7-10鹏鼎控股（002938）日线图所示，若投资者在A区域根据云梯战法买入了这只股票，在其后股价的持续上涨中，当进入了B区域、C区域和D区域，股价均表现为小幅地横盘震荡，且每次进入这种横盘状态的小幅震荡前，股价均是出现了一波明显的快速拉升，表明股价一直处于涨涨洗洗的涨多跌少状态，说明B区域、C区域和D区域的横盘小幅震荡，均为主力洗盘的征兆，投资者应始终保持持股状态。

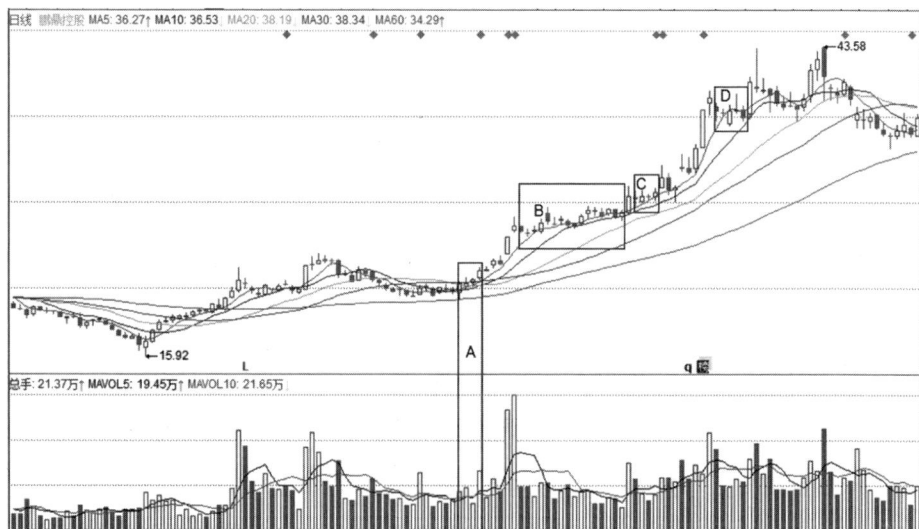

图7-10　鹏鼎控股日线图

注意事项：

（1）主力在洗盘期间，股价无外乎会表现为涨跌无序、快速大幅下跌、跌跌涨涨几种形态，让投资者看不明白股价短期的运行趋势。实际上若是投资者跳出单个交易日的波动，从整体趋势出发，就会发现这种涨多跌少的走势并未改变股价的趋势，所以应保持持股。

（2）近几年，主力在洗盘时，经常表现为强势洗盘，以天地板或地天板的形式出现。因此，若是投资者在股价出现这种剧烈波动的洗盘时，即便被洗出了局也不要懊悔，因主力强势洗盘时的量价及盘口信息，几乎与卖点时的状态一模一样。所以，是否识别出主力在洗盘并不重要，重要的是操作是否已经获利，获利了即不应过于计较利益的多少。

7.4.2　判断是否洗盘时一定要关注是否跌破了关键位

投资者在持股期间，判断主力是否在洗盘时，还要注意观察股价在短期快速下跌或持续震荡下跌中，是否跌破了关键位，因关键位就是主力此轮拉升时的一些重要位置，如前期高点，或是股价明显上涨时的阳线高低点，或是跳空高开后形成的缺口，看是否完全回补了这一缺口。因为这些位置，都是主力推动股价上涨时较为关键的位置，如突破的前期高点，一旦洗盘时再次跌破，说明此次的突破是无效的，此轮上涨或会戛然而止。再比如跳空缺口或明显上涨阳线的高低点，一旦股价在震荡下跌中完全回补了这一向上跳空缺口，或是完全跌破了阳线，则说明此轮的向上突破是失败的，股价的短期趋势将会走弱，起码要经过整理后再发动上涨时，方可看到是否有效突破了。而一旦再次整理的时间被拉长，则会增加许多不确定性。因此，持股期间，观察股价在调整时是否跌破了关键位，是判断主力洗盘还是出货的关键。

实战案例：

如图 7-11 金桥信息（603918）日线图所示，若是投资者在 A 区域根据云梯战法中的阶梯式上涨的强势状态买入了这只股票，在其后的上涨中，当股价进入B 区域和其后的 C 区域、D 区域和 E 区域，虽然表现为震荡下跌，但均未跌破调整前明显上涨的阳线低点，这说明这几次的调整均是短线的小幅调整，并未跌破上涨过程中的重要上涨阳线，所以，均为主力的弱势洗盘行为，投资者应始终保持安心持股状态。直到股价在 F 区域形成了云梯战法中的云梯快速冲高后快速回落的卖出形态时，方可中止继续持股。

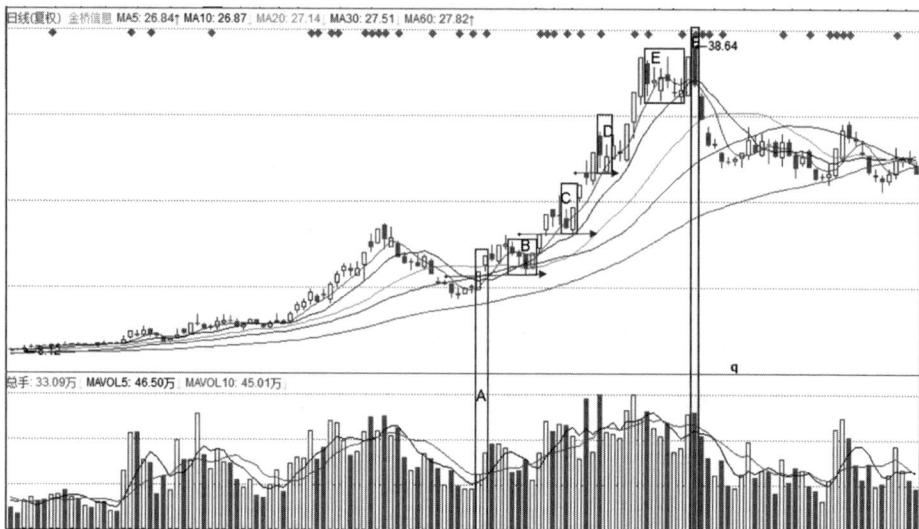

图7-11　金桥信息日线图

注意事项：

（1）当股价在强势状态中时，若主力在洗盘，往往是基于短线需求的，所以即便短时下跌汹涌，也不会跌破关键位，否则就可能瞬间转为弱势，无法再继续发动上涨。

（2）强势类的股票在调整时，经常会以空中加油的方式出现，即股价突然跳空高开留下了一个向上的跳空缺口，即便期间高位震荡，股价若是强势，是不会完全回补掉这一缺口的，否则就说明主力发动的此轮上涨遇到了较大的压力。

7.4.3　判断洗盘时留意股价与5日均线的位置变化

投资者在根据云梯战法买入了一只股票后，在持股的过程中，当股价出现了较大幅度的波动时，一定要观察是否是主力在洗盘，因不同的主力其操盘方法也是不一样的，所以其洗盘的方式也会略有不同，但主力洗盘的目的不是打压股价，而是让那些不坚定的资金早点卖出筹码，以更利于其后的持续拉升，因这些不坚定的筹码若是存在，后市主力一拉即涌现出卖盘，会干扰主力的拉升。因此，主力的洗盘都是基于短线的，所以一般是不会跌破10日均线的，尤其是短线的强势股，甚至是连5日均线都不会跌破。因此，对于云梯战法所操作的短线强势股而言，一般持股期间，应以5日均线为生命线，即股价短期波动时即便跌破了5日均线，也应及时回到5日均线上方，否则在下方时间一长，极容易产生变数，尤其是当改变了5日均线明显向上的方向时，所以，股价与5日均线的位置变化是判断主力是否在洗盘的关键。

实战案例：

如图7-12百合花（603823）日线图叠加2024年5月14日分时图所示，如果投资者在A区域根据云梯战法中揭竿而起式上涨买入了这只股票，在其后的持续强势涨停上涨后，当打开涨停后，股价出现了高位震荡，看似单日震荡幅度较大，但事实上却只是针对5日均线的震荡调整，因在B区域的交易日内，股价在快速跌破5日均线后即于当日快速回升到了5日均线的上方，因此，B区域可确认为主力在快速洗盘，投资者应始终保持安心持股状态。

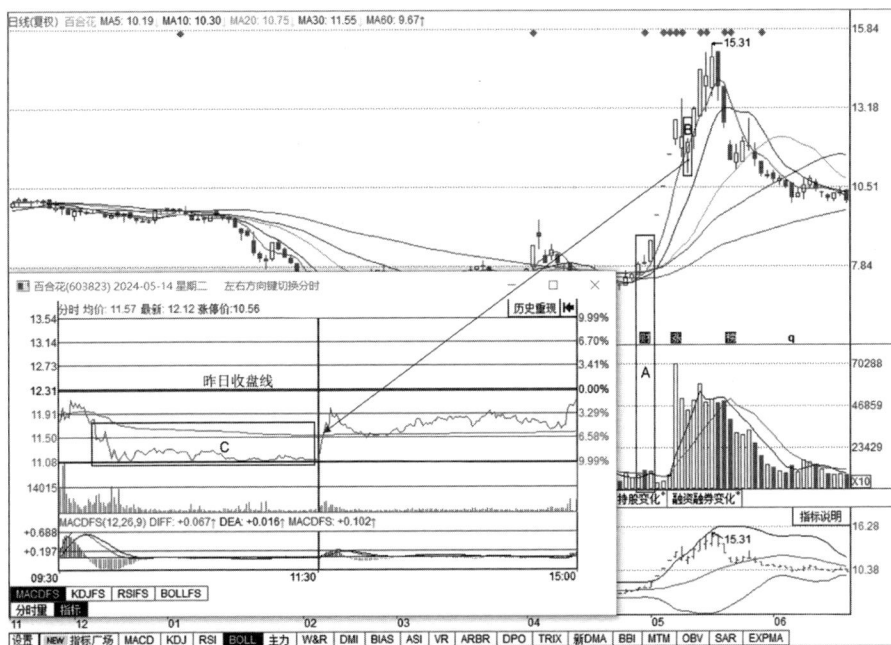

图7-12　百合花日线图叠加2024年5月14日分时图

注意事项：

（1）几乎在所有的短线炒股技术中，5日均线都被视为生命线，即只要是短时快速跌破了5日均线，股价又能够快速回升到其上，则表明是主力在洗盘，否则多数时候应卖出股票。

（2）投资者在根据云梯战法买股后的持股过程中，一旦股价在持续上涨后出现快速下跌，即便未跌破5日均线，但只要形成了明显的量价齐跌卖点，即应果断中止继续持股，及时卖出股票。因明显的量价齐跌，是股价短期快速转弱的征兆，之所以未跌破5日均线，是由5日均线向上的乖离度过大导致。

第8章

卖股：
会卖股的才是师父

　　投资者在持股的同时，必须在事先学会卖股的技术，因为如果不明白什么时候需要卖股，则无法真正做到会持股，因一只股票若是达到了卖股的要求，就必须中止持股了。在股市中，会卖股的才是师父，所以，投资者应掌握好炒股最后一环中的卖股技术。

8.1　卖股原则

8.1.1　持股无法继续盈利

投资者在根据云梯战法实战期间，在选择卖股时，一定要坚持持股无法继续盈利即卖出股票的原则。这是因为，在持股期间，若是持股无法继续盈利了，就说明短线股价出现了持续下跌，所以再继续持股就失去了其意义，应果断卖出股票，再去根据云梯战法的买股要求去寻找新的强势目标股去操作。因此，持股无法继续盈利是云梯战法的一条重要的卖股原则，目的是让投资者养成操作强势股的习惯，而不要总是习惯于在一只股票上浪费过多的精力。因为在股票市场，讲求的是一种良好的操盘习惯和相应的做事效率，这两点，是完全不同于中长线操盘的。

实战案例：

如图8-1隆鑫通用（603766）日线图所示，若投资者在A区域根据云梯战法中的阶梯式上涨买入了这只股票，在其后的持续上涨中，一旦进入了B区域后股价形成了云梯战法中云梯在空中漫步的卖出形态，并且持股已无法继续盈利，因B区域右侧出现了一根大量状态的中阴线，短期弱势明显。因此，投资者在此时不应再继续持股，而应及时结合分时图的弱势情况，果断卖出股票。这就是在坚持持股无法继续盈利的卖股原则下的卖股操作。

注意事项：

（1）持股无法继续盈利是云梯战法中一条根本性的卖股原则，所以只要是在持股期间发现所持有的股票无法继续获利了，就要果断中止持股，及时卖出股票了。

（2）短线操盘，讲求的就是一个快字，买入股票也好，持股也好，卖出股票也好，都必须做到快，所以，云梯战法讲求的是操作强势股，当持有强势股无法继续获利时，就说明强势股不强了，应果断卖出股票。

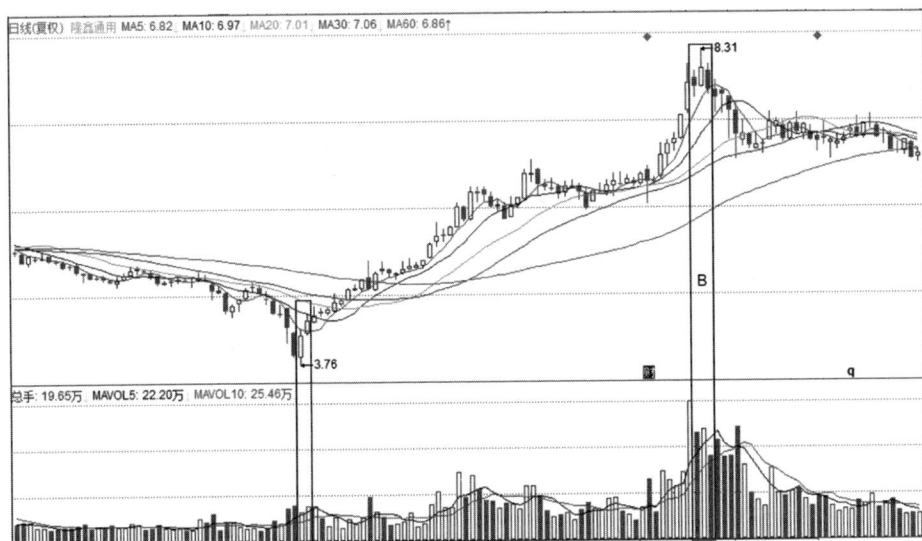

图8-1　隆鑫通用日线图

8.1.2　持股出现快速下跌

投资者在根据云梯战法买入了一只股票后，一旦在持股期间发现所持有的股票出现了快速下跌，同样要中止继续持股，及时卖出股票。因为股票出现了快速下跌，就说明当前的持股盈利在大幅减少，一旦持续，则这种收益的减少必然会加重，所以必须在收益减少的初期即中止这种状态，及时卖出股票，锁住收益，这才是理性的短线投资行为。

实战案例：

如图 8-2 康普顿（603798）日线图叠加 2024 年 3 月 4 日分时图所示，若是投资者在 A 区域根据暴力反弹上涨中的阶梯式上涨买入了这只股票，在其后持续的上涨过程中，股价一直处于持续上涨中。到了 B 区域后，股价在维持之前的一字涨停开盘后，却出现了快速回落，如当日对应的 2024 年 3 月 4 日分时图上所显示的一样，股价线当日是出现在了涨停的价位，但开盘后的几分钟内，却呈现出了如 C 区域所示的股价线于放量状态下的直线大角度下行，说明股价已出现了快速下跌的转弱。这一点从日线图上对应的 B 区域当日收盘即可看出，当日 K 线收于一根长阴线，成交量显示为一根上到显示区顶部的巨量长阴量柱，表明短期下跌欲望极高。因此，对于这类股票，不应再继续持有，而应在分时图C区域的分时明显弱势时，结合盘口主力净流出状态，及时卖出股票。这种操作，就属于在持股出现快速下跌的卖股原则下所实施的卖股行为。

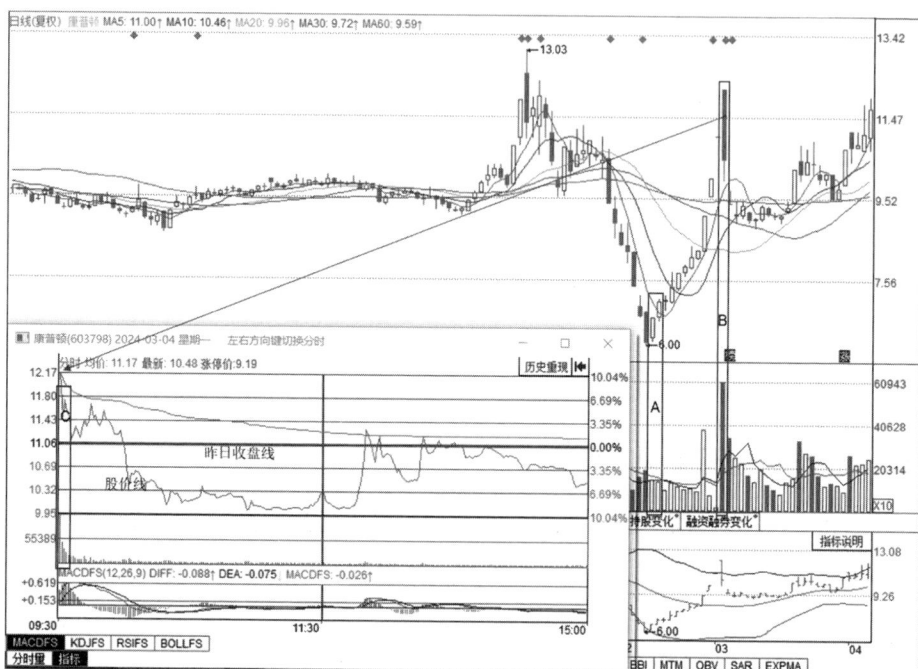

图8-2　康普顿日线图叠加2024年3月4日分时图

注意事项：

（1）当持股出现快速下跌时，往往在短期的量价齐跌明显时，投资者方可确认，否则若是股价盘中稍稍一跌即确认，根本无法继续持股，更谈不上获取收益。

（2）投资者在确认持股出现快速下跌时，往往表现为日线上股价在短期大幅上涨的高位区，而分时图上却出现了高开后股价线直线向下大角度运行放量，或是分时图上直接大幅弱势震荡或下行情况，此时可果断确认为快速下跌的弱势，及时中止持股，卖出股票。

8.2 卖股时的日线形态

8.2.1 云梯快速冲高后的快速回落

在日线图上，当前期买入的股票在持续强势上涨中，明显延续了之前的跳空高开式上涨，或是强势上涨后，股价突然出现了由阳线快速转为阴线式的冲高回落，时间较短，且幅度较大时，一旦成交量也转为日线上持续变长的阴量状态时，则表明这只股票短期内出现了股价的快速变弱。因为原本是向上运行的云梯，突然在表现为继续向上时不再向上了，而是出现了向下的滑落，表明卖点出现，即云梯战法在日线图上的卖点。

实战案例：

如图 8-3 天永智能（603895）日线图所示，如果投资者在 A 区域根据云梯战法中暴力反弹上涨类的阶梯式上涨买入了这只股票，在经过其后的持续上涨后当进入 B 区域，股价不再持续跳空式上涨或叠加式上涨，而是出现了高开后快速上冲后的快速回落，收于一根长阴线，成交量表现为向上到达显示区顶部的巨量长阴量，形成了股价快速转弱的日线图云梯快速冲高后的快速回落的卖股形态。因此，对于这类股票，应在 B 区域当日，根据分时图上的量价齐跌弱势，以及盘口表现出来的弱势，及时卖出股票。

注意事项：

（1）云梯快速冲高后的快速回落出现时，往往是强势涨停的股票，在依然保持强势上涨开盘后，突然出现了打开板面后的高空落物似的快速回落，这种形态一旦在高位区出现，即为短时的卖股良机。

（2）若云梯快速冲高后的快速回落出现时，K 线表现为一根阳线，往往是股价大幅高开后的快速回落，或是开盘后股价快速上冲后的大幅回落时形成了明显的量价齐跌，此时可确认为日线的卖点。

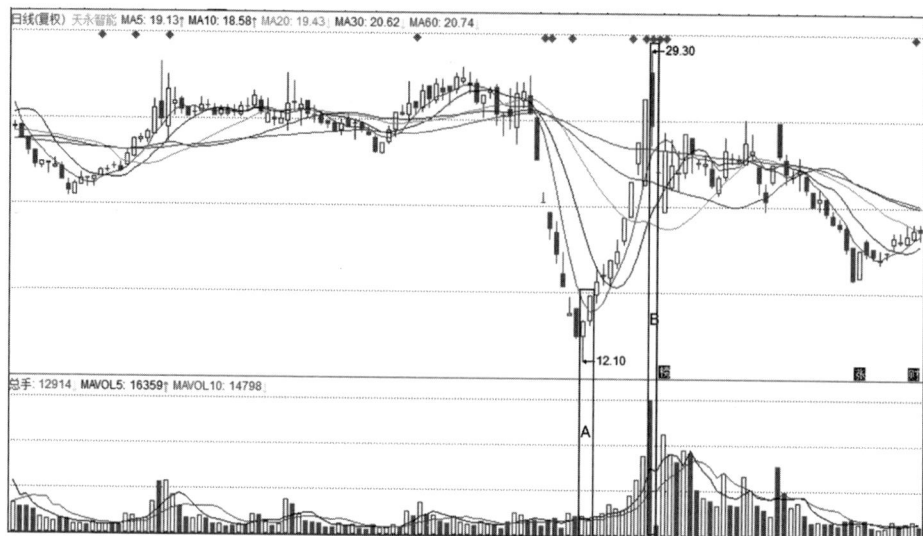

图8-3　天永智能日线图

8.2.2　云梯直接下一个台阶

投资者在根据云梯战法实战卖股时，一旦在持股的过程中，发现原本一直明显向上的云梯突然不再继续向上，而是出现了突然向下跳了一个台阶时，则说明股价的这种强势状态已经结束，只要期间表现为大量状态的阴量，即构成了日线图上的卖股形态。因此，云梯直接下了一个台阶的形态，是明显的日线卖股时的一种形态，一旦出现即应中止持股，卖出股票。

实战案例：

如图8-4莱绅通灵（603900）日线图所示，如果投资者在A区域根据揭竿而起式上涨中的阶梯式上涨买入了这只股票，在其后持续一字或T字上涨后，当进入了B区域，股价未再持续涨停式上涨，反而转为一字跌停的方式下跌，使原本上升的云梯转为了直接下了一个台阶的卖股形态，同样量能未能有效放大，但股价的弱势已经明显。因此，对于此类股票，虽然当日未能卖出，但其后一旦打开跌停板时，则应果断卖出股票，切不可再犹豫，或是寻找高点再卖出，因弱势是难以在短时间内扭转过来的。如这只股票的情况，应在B区域确立云梯直接下

一个台阶的卖股形态后，在其后的 C 区域当日，当股价盘中出现短时打开跌停的
上影线时，持有者即应果断卖出手中的股票。

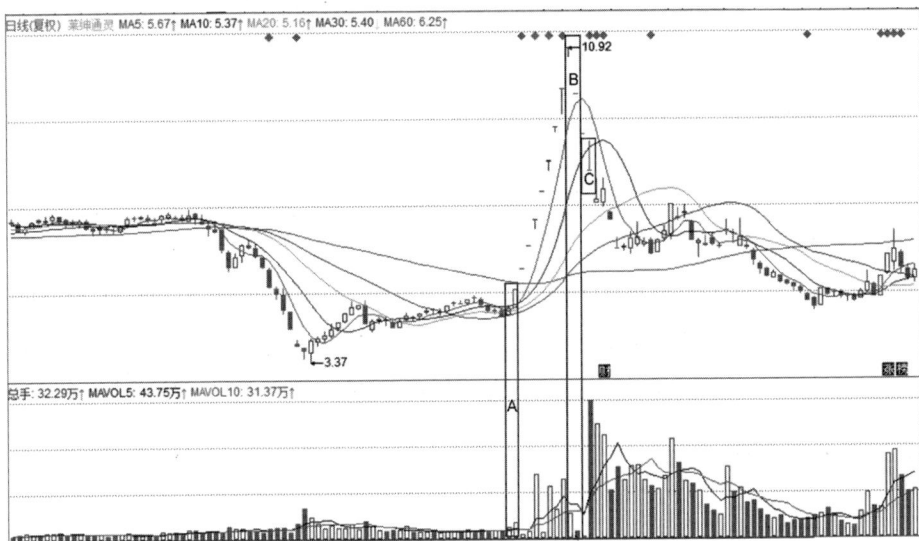

图8-4　莱绅通灵日线图

注意事项：

（1）云梯直接下一个台阶出现时，往往说明主力已无力再继续向上做多，所
以才会在高位区的某一个交易日，直接以这种下一个台阶的方式低开回落，因此，
它是一种短线股价快速转弱的形态，是主力在早盘集合竞价阶段无力拉高股价的
征兆。

（2）当云梯直接下一个台阶出现时，只有当短时的量价齐跌明显时，方为卖
出股票的征兆，因主力在洗盘时也经常会采用这种方式，但开盘后往往不是直接
快速下跌，而是小幅回升让散户卖出，所以，投资者在实战时一定要有效区分。

8.2.3　云梯在空中漫步

投资者在根据云梯战法买入一只股票后，若是在持股期间，发现股价在持续
上涨中突然中止了快速上涨，而是开始在高空中散步，即 K 线不再继续向上运
行后，出现了平行状态的震荡，阴线阳线均可，但均保持在一个相当的水平，

其间，允许 K 线高点有短时冲高回落的行为，或是短时探底回升的行为，通常 K 线只要有 2~5 根即可，成交量保持在当前大量水平，或是放量状态均可，即形成了云梯在空中漫步的形态。这种形态的出现，表明主力是在以隐藏的方式出货，所以，只要发现并确认了这一形态，即可确认为日线图上的卖点，应果断中止继续持股。

实战案例：

如图 8-5 三棵树（603737）日线图所示，如果投资者在 A 区域根据云梯战法中的阶梯式上涨买入了这只股票，在其后的持续上涨过程中，股价进入了 B 区域，出现了滞涨，K 线基本上保持在了一个水平位置，反复高位震荡，成交量表现为大量状态的小幅缩量，形成了高位放量滞涨的云梯在空中漫步的卖股形态，为主力隐藏式出货的开始。因此，投资者应中止持股，及时逢高卖出手中的股票。

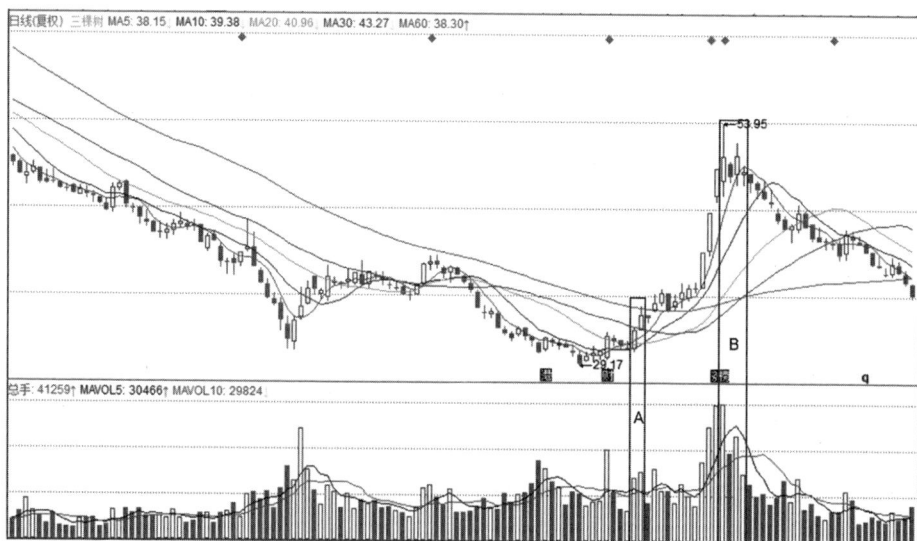

图8-5　三棵树日线图

注意事项：

（1）云梯在空中漫步从形态上看，属于高位放量滞涨的 K 线组合形态，一般在判断时，只要有 2~5 根 K 线即可。小盘股出现时，通常 2 根 K 线即可，只要当时为大量状态的两根上影线较长的 K 线在同一水平，同时，盘口主力以净流出为主，即可确认为卖股时机。

（2）如果云梯在空中漫步形态出现后，投资者及时卖出股票，而股价却再次发生了快速上涨，此时万不可短线再买回来，因云梯在空中漫步虽然是主力隐藏出货的形态，但是出货之初，并不意味着主力短时就可完全出完货，所以，其后股价的再次向上波动是主力短时拉高出货的征兆，不可轻易参与。

8.3　卖股时的分时盘口状态

8.3.1　分时图放量下跌明显

投资者在根据云梯战法实战卖股期间，当日线图上形成了明显的卖出形态，分时图上呈现出了明显的放量下跌状态时，就证明股价的短期趋势出现了快速变弱，这时就应结合盘口信息及时卖出股票。至于分时图上的明显放量下跌状态，就是指分时图上明显的量价齐跌的弱势状态，主要包括股价线高开大角度直线放量下行、大幅低开后弱势震荡、低开直线放量下行等分时形态。在判断分时图弱势时，股价线的弱势形态是一方面，分时量放量则是另一不容忽视的指标，但若是分时图放量不明显或表现为均衡状态时，只要日线图阴量放大明显，即可确认为弱势。

实战案例：

如图 8-6 瑞松科技（688090）日线图所示，如果投资者在 A 区域根据云梯战法叠加式上涨买入这只股票，经过其后的持续上涨后，当股价进入了 B 区域的高位区，形成中阴线的放量长阴量当日的最初，即日线表现为阴线阴量时，即应观察当日的分时图。

如图 8-7 瑞松科技（688090）2024 年 6 月 28 日分时图 1 所示，该图是图 8-6 中 B 区域当日的分时图，从图 8-7 中可明显看到，当日股价直接以昨日收盘线的价格开盘，直线快速上行后转为快速下行，短期冲高回落明显，且其后一直保持着震荡持续下行的状态，短期弱势明显。这类股票，应结合日线图的量价形态来确认弱势，即根据当日图 8-6 中 B 区域日线上的阴线阴量状态，以及图 8-7 这种分时弱势形态，尤其是在 14:00 后的 B 区域明显放量下跌的弱势，投资者即可再观察盘口信息，如盘口表现为换手率明显放大、主力以净流出为主的弱势状态，则可确认最佳的卖股时机了。

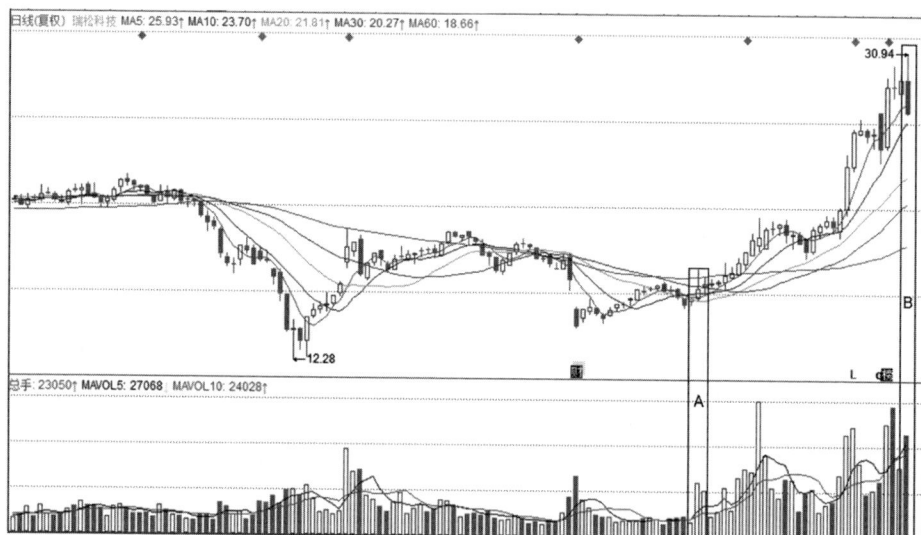

图8-6　瑞松科技日线图

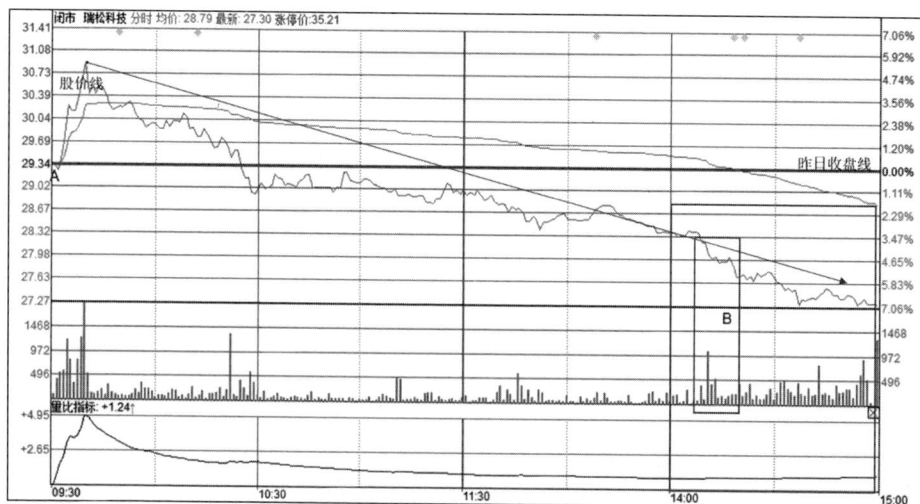

图8-7　瑞松科技2024年6月28日分时图1

注意事项：

（1）投资者在卖股时，分时图往往也会在日线图弱势状态下，形成明显的量价齐跌弱势，尤其是在日线图转弱初期，往往分时图上明显的量价齐跌，更能证明股价的短期快速变弱程度及强烈的弱势预期。

（2）分时图上的明显放量下跌形态，主要包括三类：一是股价线大幅高开后的直线放量下跌；二是低开的震荡放量下跌；三是大幅低开的弱势震荡。但第三类若是放量不明显或量能呈均衡状态时，应结合日线放量程度来确认。

8.3.2 盘口主力净流出较大

盘口主力净流出较大，是云梯战法卖股时的一个重要参考信息，但并非唯一的参照。通常情况下，若是股价在高位转跌明显，说明主力资金在大举逢高卖出股票，所以盘口信息会显示出当日的主力资金是以净流出为主，且流出量较大。但若是主力是在隐藏出货，如当日线图上形成了云梯在空中漫步的形态时，当日的主力资金并不一定就会呈现出大举流出状态。因此，通过主力净流出来辅助判断股价弱势时，应尽量观察近两个交易日中的情况，从而方能做出更为准确的判断结果。

实战案例：

承接上一篇的内容，在瑞松科技这只股票在日线图与分时图上均呈现出量价齐跌的弱势期间，如图 8-8 瑞松科技（688090）2024 年 6 月 28 日分时图 2 所示，在 14：00 至 15：00 的尾盘一小时以内，股价线呈现持续放量下跌的弱势状态，此时的盘口显示当日的主力是以净流出为主，且流出的资金量为 2 121.3 万元，而瑞松科技这只股票属于科创板内的一只小盘股，整个流通盘仅仅有 0.94 亿股，对这类小于 1 亿股的小股盘来说，这种流出量已经很大了。因此，在 2024 年 6 月 28 日当日午后尾盘，这只股票盘口的主力资金是以净流出为主，表现为流出量较大的弱势状态。这时即应再观察一下换手率的情况了。

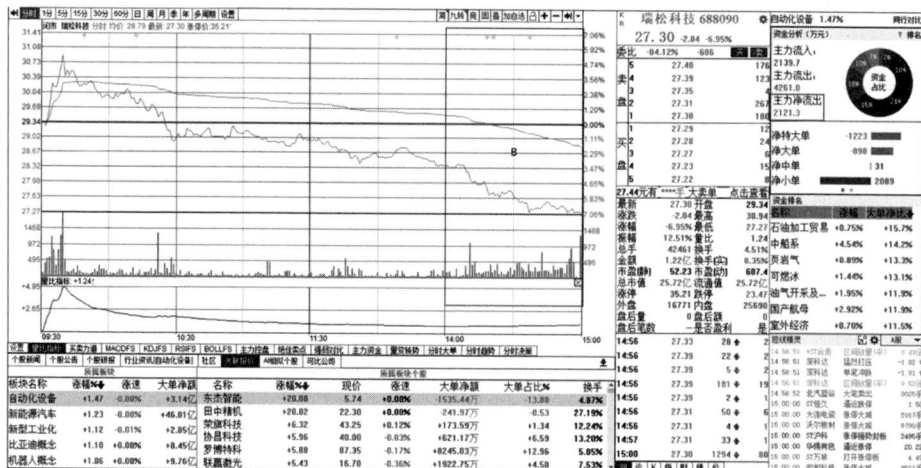

图8-8　瑞松科技2024年6月28日分时图2

注意事项：

（1）主力在出货期间，如果是小盘股，当主力资金日流出量在1 000万元以上时，即可确认是主力在出货；若是中大盘股，往往会达到至少5 000万元，甚至更高。

（2）投资者在观察盘口信息中的主力净流出资金量时一定要明白，净流出数字为红色时为净流入的量，数字为绿色时才是净流出的量，但其单位是以亿元或万元为统计单位的，具体应观察上面的注释。

8.3.3　盘口日换手率明显放大

投资者在根据云梯战法实战卖股期间，一旦日线图与分时图均呈现出明显的量价齐跌弱势时，若主力资金以明显的净流出为主，往往盘口的日换手率也会明显放大，因主力资金要维持在高位大举卖出股票，就必须通过挂单维持股价的高位，这势必会造成股票的日换手率明显放大。通常小盘股在10%以上，甚至达到30%以上或更高，而大中盘股日换手率则相对较低，有的甚至仅仅是保持在5%以内，有的会略高。因此，日换手率在一些中大盘股身上的表现并不十分明显，反而是在一些中小盘股身上，表现更为突出。

实战案例：

承接上一篇内容，如图 8-9 瑞松科技（688090）2024 年 6 月 28 日分时图 3 所示，当这只股票在当日尾盘表现为日线图与分时图的明显量价齐跌弱势时，盘口主力资金又是以净流出为主，且流出量较大时，当日的换手率也达到了收盘时的 8.35%，即便从收盘前 1 小时内的即时换手率来看，也应在 7% 以上，属于换手率较高状态。因此，至此为止，结合前两篇内容，可以确认，瑞松科技这只股票，在日线图上的 2024 年 6 月 28 日这一交易日出现了云梯快速冲高后的快速回落卖股形态，同时，又表现为分时图的放量下跌明显，盘口主力净流出又较大，日换手率也明显放大，完全符合卖出股票的要求，投资者应果断在 2024 年 6 月 28 日当日收盘前，及时卖出股票。

图8-9　瑞松科技2024年6月28日分时图3

注意事项：

（1）日换手率在卖出期间往往放大得会更为明显，中小盘股一般会达到 10%~30%，大盘股则相对较小，因此，投资者在操作小盘股时，应格外注意观察盘口的日换手率变化，以判断是否即将到顶。

（2）对于上市不足一年的次新股而言，因市场关注度高，平时的日换手率均会保持在 20% 左右，所以，若是投资者操作的是次新股，其高位转跌时的日换手率往往会表现得更高，能达到 50% 以上。

8.4 实战要点

8.4.1 当满足日线、分时盘口的卖股要求时应果断卖出股票

投资者在根据云梯战法实战卖出期间，一旦日线图与分时图同时满足了卖股要求时，就应果断选择卖出股票了，因为盘口信息只是一个参考，尤其是在卖股时，往往其意义相对并不大。因当日线图与分时图同时表现为弱势时，则是主力资金流出之初，或从资金量上看可能并不会表现得十分明显，只有主力在短时大举卖出股票时，盘口的主力资金动向才会明显，但仍然会受到软件统计的时间延迟影响，并不一定会立刻就显现出来，而当盘中股价趋势变弱时，则其下跌的速度往往是较快的。所以，投资者千万不要在卖股期间犹豫不决，而是要在弱势形态下，果断卖出股票，这样才能及时落袋为安，锁定收益。

实战案例：

如图 8-10 华扬联众（603825）日线图叠加 2024 年 2 月 29 日分时图所示，若是投资者在前期根据云梯战法买入了这只股票，在持续上涨中进入 A 区域后，当日股价出现了长阴线巨量下跌，为云梯快速冲高后的快速回落卖出形态。而从对应的 A 区域当日的分时图来看，当日股价线是在昨日收盘线处出现，为平淡开盘，其后出现了一波快速下跌后的快速上冲，在突破昨日收盘线后不久即转为快速下行，然后表现出持续震荡小幅下跌的弱势，只是量能未能在分时图上明晰地显现。所以，对于此类股票，应结合日线上的量价齐跌状态来确认弱势卖出时机。因此，应在日线图上 A 区域当日，根据分时图在上午尾盘时的弱势，及日线上的明显量价齐跌状态，果断卖出股票，因这一股票形成了日线与分时盘口的弱势，

所以不应再继续持股，应及时卖出股票。

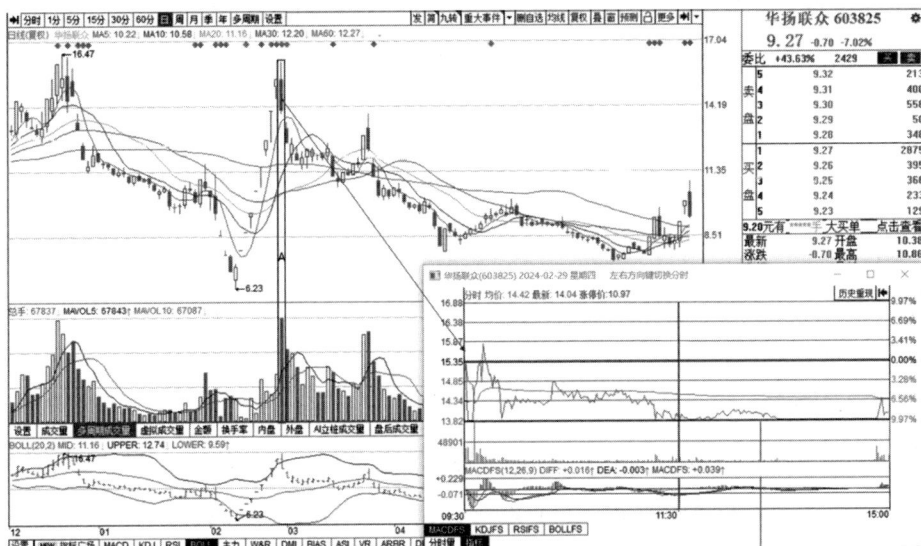

图8-10　华扬联众日线图叠加2024年2月29日分时图

注意事项：

（1）投资者在根据云梯战法卖出股票时，主要是观察日线图和分时图上的量价齐跌状态，当日线图上表现为持续走弱的量价齐跌，分时图上也表现为短期的快速变弱时，投资者应及时卖出股票。

（2）关于云梯战法卖股时的盘口信息观察，投资者只需要看一眼盘口的状态即可，只要发现换手率较大、主力资金处于净流出状态，即可确认弱势。在卖股时，日线与分时图弱势形态是主要的，盘口信息则是相对次要的。

8.4.2　卖出股票后不可再买回

投资者在根据云梯战法实战期间，一旦选择了卖出股票，哪怕是自己判断上失误了，卖得略早了些，也一定要牢记一条：既然是获利卖出了股票，短期内即便是股价又出现了快速转强，也不应再买回来。这是因为，当股价在高位区时，主力经常会采用一些具有欺诈性的方法，以迷惑投资者做出错误的交易行为，无论主力的方式方法多么奇怪，其目的却是鲜明的，就是诱惑投资者在高位大举买入，自己好借机实现高位派发筹码。因此，股价在大幅上涨后的高位区，哪怕是下跌后出现短时的快速涨停，往往也不可信。所以，投资者既然卖出了股票，就不要再买回来，去另行选择目标股买入更为安全。

实战案例：

如图 8-11 蔚蓝生物（603739）日线图所示，若投资者在 A 区域根据云梯战法揭竿而起式上涨的阶梯式上涨买入了这只股票，在其后的持续涨停中，当进入 B 区域后，股价形成日线图的云梯快速冲高后的快速回落卖股形态，且分时图弱势明显。因此，如果是投资者结合盘口弱势卖出了这只股票，在其后的短时下跌后，当进入 C 区域后，股价又出现了持续放量上涨，类似于云梯战法中的叠加式上涨，投资者此时也不可再买回来。因形态上看是类似于买入形态，但事实上此时已经是在股价底部上涨出现翻倍走势的高位区，且股价是以持续涨停的方式实现上涨的，因此，卖出股票后绝不可再买回来。

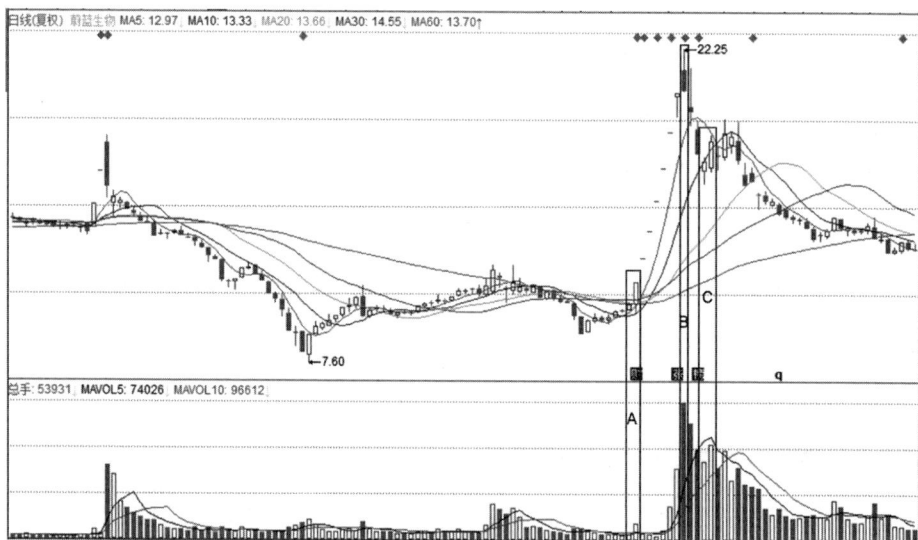

图8-11 蔚蓝生物日线图

注意事项：

（1）投资者在根据云梯战法的卖股形态卖出股票后，若是发现股价再次出现上涨也不要感到奇怪，比如空中漫步形态，为主力在隐藏出货的初期形态，其后再震荡走高也是为了出货，而不是要拉升，所以不可再买回来。

（2）一旦股价在高位区出现较大回撤，尤其是对于一些价值投资标的股票，往往市场上的分析人士就会讲借机上车的言论，此时，投资者如果是高位卖出了股票，那即便是股价出现明显止跌，也不可再买回来，因这多数都是一种诱多的陷阱。

8.4.3　卖股时一定要果断

投资者在根据云梯战法实战期间，一旦选择卖出股票，就一定不要犹豫，而是要果断一些，坚决一些，只要是发现所持有的股票形成了日线图与分时图上同样明显的量价齐跌后，就不能再犹豫和继续观察了。因只要是股价的短期弱势确认后，往往其短时的跌幅是无法预知的，当天快速跌停或许只是一个开始，其后的直接一字跌停也不是没可能，所以，及时卖出股票才能锁住收益。而要做到卖股时的果断，就必须坚守现价交易原则及其方法，即卖出股票时以当时盘口委买1的价格提交委托单，这样才能在提交委托单后即达到成交。

实战案例：

如图 8-12 龙韵股份（603729）日线图叠加 2023 年 12 月 27 日分时图所示，如果投资者在 A 区域根据云梯战法阶梯式上涨买入了这只股票，在其后的持续上涨中，当进入了 B 区域的高位区时，股价出现小幅冲高后的快速回落时的阴线阴量下跌初期形态，应及时观察当日的分时图，发现当日股价线是在小幅高开的情况下，出现了持续直线式的放量下跌，分时弱势明显。因此，投资者应及时根据当日的主力净流出状态、换手放大状态，选择以现价交易的方式，即当时的委买1的价格果断卖出股票，万万不可犹豫。因这类放量股价线直线下行，属于弱势的跌停波，一犹豫可能股价已跌停，导致无法卖出股票。

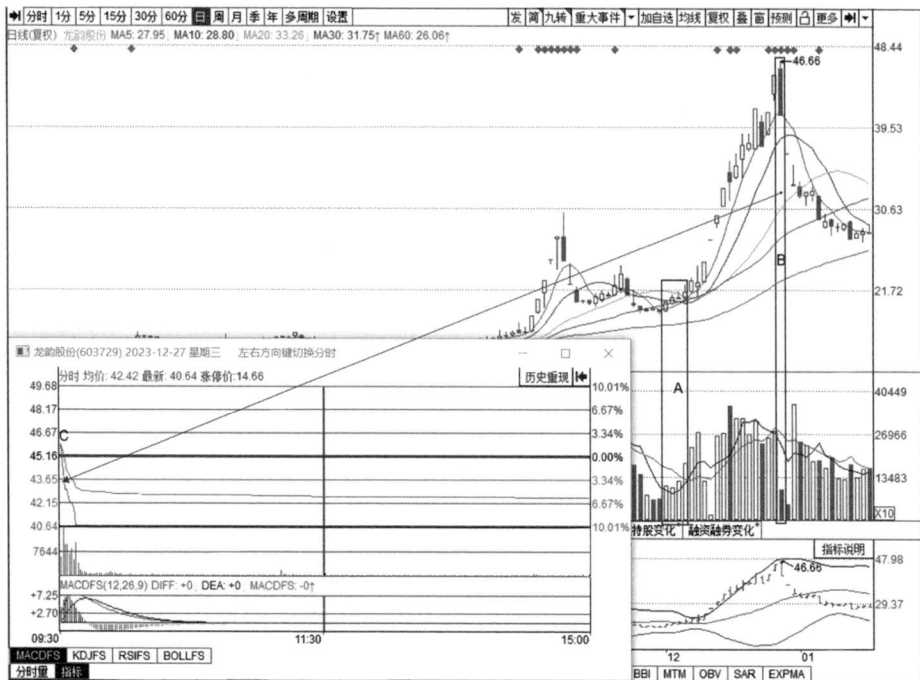

图8-12　龙韵股份日线图叠加2023年12月27日分时图

注意事项：

（1）投资者在卖出股票时，一定要在持股满足了日线图与分时图的同时明显的量价齐跌后，方可果断卖出股票，否则不可轻易卖出。

（2）实现卖股时的果断，最好的办法就是遵循现价交易原则及其方法，以委买1的价格提交委卖单。但若是投资者卖出的股票数量较大，而委买1处的挂单数量又难以满足时，投资者可再以委买2的价格挂上多数单，这样即可以在提交委卖单后的第一时间内完成交易，真正做到落袋为安。